용서가 정말 공짜인가요?

Is Forgiveness Really Free?

IS FORGIVENESS REALLY FREE?
Michael Jensen

First published in The Good Book Company
with the title of *Is Forgiveness Really Free?*
Copyright ⓒ 2014 by Michael Jensen and The Good Book Company
All rights reserved.

Korean Edition published by Word of Life Press, Seoul 2016
Translated and published by permission.
Printed in Korea.

용서가 정말 공짜인가요?

ⓒ 생명의말씀사 2016

2016년 11월 2일 1판 1쇄 발행

펴낸이 ㅣ 김재권
펴낸곳 ㅣ 생명의말씀사

등록 ㅣ 1962. 1. 10. No.300-1962-1
주소 ㅣ 서울시 종로구 경희궁1길 5-9(03176)
전화 ㅣ 02)738-6555(본사) · 02)3159-7979(영업)
팩스 ㅣ 02)739-3824(본사) · 080-022-8585(영업)

기획편집 ㅣ 신현정
디자인 ㅣ 조현진, 윤보람
인쇄 ㅣ 예원프린팅
제본 ㅣ 정문바인텍

ISBN 978-89-04-16560-5 (04230)
ISBN 978-89-04-70028-8 (세트)

저작권자의 허락없이 이 책의 일부 또는 전체를
무단 복제, 전재, 발췌하면 저작권법에 의해 처벌을 받습니다.

용서가 정말 공짜인가요?

Is Forgiveness Really Free?

마이클 젠슨 지음 | 구지원 옮김

생명의말씀사

목 차

시작하는 글 06

1장 은혜가 그렇게 중요한 건가요? 12
"일반 은총"이란 무엇인가요?

2장 아무 대가 없이 용서해 주신다고요? 26
은혜는 어떻게 받을 수 있나요?

3장 은혜가 공짜라면 무슨 가치가 있나요? 44
왜 그냥 용서해 주실 수는 없는 건가요?

4장 왜 누구에게는 은혜를 주시고
    누구에게는 안 주시나요? 58
은혜가 거둬질 수도 있나요?

5장 은혜로 사는 삶에서
　　 구약의 율법이 필요한가요?　　　　　　　　　　　68

6장 은혜만 있으면 마음대로
　　 죄를 지어도 괜찮은 거 아닌가요?　　　　　　　78
　　 계속 죄를 짓는 그리스도인에게 무슨 말을 해줘야 할까요?

7장 은혜는 "나"를 어떻게 변화시키나요?　　　　　88

8장 은혜는 "우리"를 어떻게 변화시키나요?　　　98
　　 간구하기 전에는 용서받을 수 없나요?

9장 인간은 얼마나 악한 건가요?　　　　　　　　110

시작하는 글

어릴 때부터 교회에 다닌 줄리엣은 하나님의 존재를 의심해 본 적이 없었다. 예수님이 죽은 자들 가운데서 부활하셨다는 것에 대해서 생각해 보고, 그 사실을 믿기로 결정했다.

그런데 뭔가가 계속 마음에 걸렸다.

줄리엣은 남자친구와 동거한 과거 몇 년에 대해 죄책감을 떨쳐버릴 수가 없었다. 남자친구는 그리스도인이 아니었다. 줄리엣도 상당한 시간 동안 교회에 가지 않았다. 오래된 과거 일이지만, 하나님이 여전히 자신을 싫어하시는 것 같은 찜찜함은 어떻게 해도 떨쳐버릴 수가 없었다. 수차례 용서를 구하는 기도를 드리며 하나님 앞에 나아갔는데도 말이다.

반면, 매트는 한 번도 신앙이 흔들린 적이 없었다. 박식한 그리스도인이었고, 심지어 신학교에 가는 것을 고려해 본 적도 있었다. 그런 그가 목회자인 내게 이렇게 고백했다. "목사님, 하나님을 향한 제 마음은 차갑습니다." 그는 복음의 사실들은 알지만 하나님을 사랑하는 것 같지는 않다고 설명했다. 그에게는 어떤 것도 예수님이 진짜로 살아 있다고 느끼게 하지는 못했다.

어쩌면 당신도 이 경험들 중 한 가지 또는 두 가지 모두를 겪어봤을 것이다. 흥미로운 것은 매트와 줄리엣에게 줄 대답이 같다는 것이다.

그들은 은혜를 제대로 이해해야 한다.

은혜는 놀랍다

지금까지 만들어진 찬송가 가운데 가장 유명한 찬송가가 바로 이 특별한 개념인 "은혜"를 다루고 있다. 노예 상인이던 존 뉴턴은 그냥 "은혜"라고 하지 않고 "놀라운 은혜"(Amazing Grace)라고 표현했다. 무엇이 은혜를 놀라운 것으로 만든 것일까?

이 찬송가의 주요 가사는 매우 충격적이다.

나 같은 죄인 살리신

"죄인이라고?"

21세기를 사는 우리는 이보다는 높은 자존감을 갖도록 양육된다. 자신을 "죄인"이라고 부른다는 것은 어떤 대접도 받을 가치가 없다고 생각한다는 뜻이다. 자신이 "쓸모없다"는 뜻이다.

하지만 이 사실을 모르고서는 은혜가 무엇인지, 그리고 무엇을 성취하는지 알 수 없다. 간단히 정의하자면 은혜란 받을 자격이 없는 자에게 베풀어진 호의다. 즉, 노력해서 얻을 수 있는 것이 아니다. 은혜는 주어져야만 한다.

하나님이 즐거움과 기쁨이 가득한 세상, 아름답고 선한 세상을 창조하신 것도 인간에게는 은혜다. 우리는 우리가 사는 세상을 얻거나 창조하는 데 손가락 하나 까딱하지 않았다. 그런데도 날마다 이 세상을 누리고 있다.

더불어 하나님이 자신의 아들이자 인간이신 예수 그리스도, 즉 우리 가운데 한 사람으로 우리와 함께 사셨고 잔혹한 십자가 위에서 우리를 위해 죽으신 예수 그리스도를 보내신 것도 "은혜"다. 사도 바울은 이렇게 말한다.

> 우리 주 예수 그리스도의 은혜를 너희가 알거니와 부요하신 이로서 너희를 위하여 가난하게 되심은 그의 가난함으로 말미암아 너희를 부요하게 하려 하심이라(고후 8:9).

이 구절은 은혜가 무엇인지를 잘 설명해 준다. 하나님의 아들이신 예수님은 상상하기 어려울 만큼 엄청난 하늘의 부를 가진 부요하신 분이다. 그러나 그분은 우리로 하여금 자신이 남기신 부요함을 누리게 하시려고 가난한 인간의 삶을 받아들이셨다.

은혜, 삶을 바꾸는 경험

내가 이 책을 쓴 목적은 당신이 하나님의 은혜를 더 깊고 풍성하게 경험하도록 돕기 위해서다. 그 경험은 삶을 완전히 바꿔놓을 것이다. 당신은 은혜를 이해해 본 경험이 전혀 없을 수도 있다. 또는 예전에 이해했지만 지금은 무슨 의미인지 잊어버렸을 수도 있다.

매트는 하나님 앞에서 자신이 얼마나 처절한 죄인인지를 진정으로 이해하지 못했다. 그래서 은혜를 깨닫지 못한 것이다. 줄리엣은 자신이 죄인이라고 느꼈지만 예수님 안에서 하나님이 자신을 온전히 용납하셨다는 사실을 믿지 않았다.

두 사람 모두 하나님의 은혜를 단지 개념으로만 알 것이 아니라 존재 깊숙이 인격적으로, 정서적으로 알아야 했다. 우리는 부모의 사랑을 알듯이 하나님의 은혜를 알아야 한다. 어떤 것이 진리임을 아는 것과 그것이 당신에게 진리임을 아는 것은 전혀 다르다.

1장

은혜가 그렇게 중요한 건가요?

하나님은 어떻게 은혜롭고 노하기를 더디 하면서도
죄를 벌하는 일에 타협하지 않겠다고 선포하실 수 있을까?

전직 영어교사인 나는 단어에 대해 까다롭기로 유명하다. 사람들이 단어를 조잡하게 사용하거나 특정 단어를 고집스럽게 오용하거나 심지어 남용하는 것을 보면 거슬린다. 반대로 내가 단어를 적절하게 사용하지 못했다는 사실을 누군가가 발견할 때면 수치심을 느낀다.

어떤 사람들에게는 괜스레 까다롭게 구는 것처럼 보일지 모른다. 더 나쁘게 말해서, 결국 따지고 보면 그다지 중요하지 않은 문제에 쓸데없이 예민하게 구는 것처럼 보일지도 모른다.

그러나 나는 내 까다로움을 고수하고 있다. 내 생각에 단어를 사용할 때는 까다롭게 굴 가치가 있다. 단어는 우리가 의사소통하는 도구이고, 소통이 잘못되면 모두가 상처를 입기 때문이다.

어떤 단어들은 너무나 귀중해서 논쟁거리가 되기도 한다. 우리가 "사랑"이나 "평화"의 의미에 동의하지 않는다면, 그 단어가 뜻하는 진정한 의미에서 사랑하거나 평화로울 수 없을 것이다.

물론 단어가 이 언어에서 저 언어로 옮겨지면, 그 단어의 진짜 의미를 이해하기가 더 어려워진다. 다시 "사랑"이라는 단어를 예로 들어보자. 전통적으로 "사랑"(love)이라고 번역된 여러 헬라어들은 실제로 의미가 서로 같지 않다. 영어에서 "사랑"이라는 단어는 에로틱한 사랑, 우정, 특정 아이스크림 맛을 좋아하는 것에 모두 사용할 수 있다. 그러나 "나는 제니를 사랑해"와 "나는 럼에 절인 건포도를 사랑해"는 의미가 전혀 다르다.

"은혜"(grace)도 마찬가지다. 미국에서 이 단어를 사용할 때 우리는 두 가지를 떠올린다. 먼저, 식사하기 전에 드리는 기도다. "은혜를 말합시다"(Let's say Grace, "감사기도를 합시다"라는 뜻이다_옮긴이).

그리고 둘째로 사람들은(사실, 나도 그렇다) 유명한 영화배우 오드리 헵번을 떠올린다. 우리는 은빛 스크린에 비친 위대한 여배우가 이 단어를 그대로 체현해낸다고 여긴다. 왜일까? 헵번은 고결한 우아함을 갖추었기 때문이다. 헵번은 20세기 영화계의 별(평범한 인간이 아니라 저 멀리 떨어져 있는 진짜 "별"처럼)이라 불릴 만큼 위대했지만 거만하거나 오만하게 굴지 않았다. 그녀가 보인 행보와 태도는 "은혜로웠다"(graceful, "우아했다"는 뜻이다_옮긴이). 스크린 상의 업적뿐 아니라 자선활동으로도 유명했다.

그런데 "은혜"란 진짜 그런 것일까? "은혜"를 사용하기에 딱 맞는 경우는, 제왕의 권위를 가지고 있으면서 그 고결함을 굽히지 않고 한낱 인간일 뿐인 자들에게 말을 걸 수 있는 분을 묘사할 때다. 우월한 자가 열등한 자에게 황송하게도 어떻게든 복을 베풀어주는 것, 그것이 은혜의 참뜻에 가장 가깝다.

은혜가 하는 일을 통해 은혜를 배우다

신학적으로나 성경적으로 말하자면, 우리는 은혜가 인간에 의해 나타나는 것이 아니라 하나님에게서 비롯되는 것이라는 데서 출발해야 한다. 성경의 위대한 이야기에서 우리가 보통 "은혜"라고 번역하는 단어들(히브리어로 헨[hen], 헬라어로 카리스[charis])은 일반적으로 하나님이 인간과 관계 맺기 위해 찾아오시는 방식을 가리킨다.

하나님과 이스라엘의 관계는 이것을 잘 보여준다. 하나님은 이스라엘을 애굽에서 불러내셨다. 애굽에서 그들은 폭

군의 통치 아래 아무런 권리도 없는 노예, 뙤약볕에서 벽돌을 굽는 노예일 뿐이었다. 그러나 하나님은 그들을 택하셔서 "특별한 소유"로 삼으시고 한 나라로 만드셨다. 그들은 그런 대우를 받을 자격이 전혀 없었는데 말이다. 하나님은 그들을 재앙에서 구원하시고 홍해를 지나 약속하신 땅으로 인도하셨다.

그런 일을 통해 하나님은 자신의 본성을 그들에게 계시하셨다. 그 이야기에서 가장 위대한 장면은 광야를 지나며 머무른 시내산에서 펼쳐진다. 그곳에서 하나님은 모세에게 이렇게 말씀하셨다.

> 여호와라 여호와라 자비롭고 은혜롭고 노하기를 더디 하고 인자와 진실이 많은 하나님이라 인자를 천 대까지 베풀며 악과 과실과 죄를 용서하리라 그러나 벌을 면제하지는 아니하고 아버지의 악행을 자손 삼사 대까지 보응하리라(출 34:6-7).

이 말씀은 주의 깊게 생각해 볼 만하다. 출애굽 이야기에서 아주 중요한 순간에 이스라엘 백성에게 주어졌을 뿐 아니라 구약에 한 번 이상 언급되기 때문이다. 하나님이 결국 니

느웨를 심판하지 않으시려는 것에 실망해서 요나가 **하나님의 성품에 대해 하나님께 불평할 때에도 바로 이 구절이 등장한다!**(욘 4:2) 이 말씀은 하나님의 성품을 요약하는 문구가 되었는데, 당연히 그럴 만하다.

또한 이 말씀은 하나님의 은혜가 **하는** 일을 보여주어 그 은혜가 무엇인지를 말해 준다. 그렇다면 정확히 은혜는 무슨 일을 하는가? 하나님은 어느 모로 보나 받을 자격이 없는 자들도 **계속 사랑하시는** 것으로 은혜를 보여주신다. 계속 사랑하고 노하기를 더디 하는 데는 하나님의 용서가 필요하다. 하나님의 은혜는 "악과 과실과 죄"를 용서하시는 데서 흘러나온다.

오해하지 말라. 고대 이스라엘의 역사에는 수많은 죄악이 있었다. 구약에서 눈에 띄는 점은 이스라엘을 "흠"이 있는 백성으로 묘사하는 방식이다. 이 "이스라엘의 성경"은 읽는 자들에게 그들이 하나님의 은혜와 호의 없이는 아무것도 아님을 지속적으로 상기시켜준다.

그러나 출애굽기 34장 7절에서 우리는 하나님이 그저 호구가 아니라는 것을 어떻게 보여주는지 주목해야 한다. 은혜는 죄와 악이 하나님께 중요하지 않다는 뜻이 아니다. 결코 그분의 공의가 훼손되는 것을 의미하지 않는다. 자신에 대해 말씀하신 대로 하나님은 죄악을 눈감아주거나 벌을 면제하지 않으신다.

이것은 하나님이 자신에 대해 선포하신 내용과 모순되는 것처럼 보인다. 하나님은 어떻게 은혜롭고 노하기를 더디 하면서도 죄를 벌하는 일에 타협하지 않겠다고 선포하실 수 있을까?

우리는 이스라엘의 역사에서 이것이 어떻게 실현되는지를 볼 수 있다. 하나님은 이스라엘 백성의 반역과 악행을 거듭 벌하신다. 그렇게 하셔서 그들을 하나님의 은혜라는 피난처로 되찾아오려 하시는 것이다.

이 모순은 하나님의 아들 예수 그리스도의 십자가에서만 완전하게 해결된다. 사도 바울이 "은혜의 서신서"라고도 부르는 로마서에서 설명한 것이 바로 이것이다. 바울은 하나님의 공의와 자비에 대해 이렇게 묻는다. "공의롭고 의로우신 하나님이 어떻게 경건하지 못한 자들을 의롭다고 칭하실 수 있단 말인가?" 이 질문에 대해 바울은 하나님이 그분 아들이신 예수 그리스도의 죽음으로 은혜를 표현하셨다고 대답한다. 그 아들이 직접 죄를 향한 하나님의 진노를 당하셨고,

유대인과 이방인이 함께 하나님과 평화를 누리는 길을 여셨다고 말이다.

> 모든 사람이 죄를 범하였으매 하나님의 영광에 이르지 못하더니 그리스도 예수 안에 있는 속량으로 말미암아 하나님의 은혜로 값없이 의롭다 하심을 얻은 자 되었느니라(롬 3:23-24).

즉, 죄 때문에 예수님이 십자가에서 죽으셔서 인간이 매우 확실하고 아름답게 하나님의 호의를 누릴 수 있게 되었다는 것이다.

요약하자면 이것이 바로 은혜다. 공정하게 따지자면 인간에게는 하나님께 무언가를 얻을 만한 선한 것이 하나도 없는데, 하나님이 인간에게 보여주신 사랑이 은혜다. 그래서 바울은 은혜가 온전히 선물로 주어지기 때문에 자랑할 것이 없다는 사실을 계속 강조한다.

은혜는 계속된다

하지만 그것이 은혜 이야기의 끝은 아니다. 바울은 마치 은혜가 우리에게 **계속해서** 주어지는 것처럼 말할 때가 있다.

예를 들어 "하나님의 은혜를 넘치게 받는 자들"(롬 5:17 참조)이 그렇다.

바울과 신약 성경 기자들은 은혜의 복음을 이렇게 이해하는 것을 늘 중요하게 여겼다. 우리의 죄 된 본성은 본능적으로 슬그머니 자기성취를 우리 삶으로 들여오고 싶어하기 때문이다.

신약이 완성되고 몇 세기가 지난 후, 많은 교회가 은혜에 대한 이런 이해에서 벗어나 상당히 다른 지식을 갖게 되었다. "은혜"란 하나님이 그분의 사랑과 자비로 우리에게 보여 주신 것이 아니라, 우리의 미덕을 인정하기 위해 주신 것이 되어버린 것이다. 그 미덕에 대한 보상으로 하나님이 우리에게 구원을 주신다고 말이다.

특히 성례(세례와 성찬)를 통해 은혜를 받을 수 있다고 암시하는 가르침이 교회에 널리 퍼지기 시작했다. 그리고 일단 은혜를 받으면 우리 안에 있는 이 은혜와 협력하여 선을 행할 수 있고, 그 결과 하나님께 마땅히 받을 보상을 얻게 된다는 것이다.

16세기 종교개혁자(존 칼빈과 마르틴 루터처럼 성경을 믿는 그리스도인)들은 이러한 것들 가운데 어떤 것도 인정하지 않았다. 그들은 당시 교회에서 가르치는 은혜는 성경이 말하는 은혜와 전혀 다르다고 주장했다. 구원은 오직 은혜에 의한 것이라고, (라틴어 문구를 사용하자면) "솔라 그라티아"(*sola gratia*)라고 이해했다. 인간이 구원받는 데 은혜와 공로가 조합되어야 한다는 말은 어디에도 없다. 죄는 매우 악하기 때문에 인간은 구원에 결코 협력할 수 없다. 따라서 그런 조합은 절대 있을 수 없다.

종교개혁자들은 참된 은혜란 전적으로 하나님이 우리에게 베푸시는 호의의 문제이며, 예수 그리스도의 십자가 죽음이 그 은혜를 가능하게 한다는 사실을 성경에서 재발견했다. 은혜에서 비롯된 선행 때문에 하나님이 우리를 받아들이신 것이 아니다. 우리는 그분의 은혜로 받아들여졌기 때문에 그 은혜에서 비롯된 선행을 할 수 있는 것이다. 우리가 행하는 일들은 결코 우리가 구원받는 이유가 될 수 없다. 바울은 이렇게 설명한다.

> 만일 은혜로 된 것이면 행위로 말미암지 않음이니 그렇지 않으면 은혜가 은혜 되지 못하느니라(롬 11:6).

"은혜가 은혜 되지 못한다고?" 그렇다. 우리가 호의를 간구할 때 그저 하나님이 우리를 도우시는 것이 은혜라면, 그것은 진짜 은혜가 아니다. 하나님은 우리에게 전혀 "은혜"를 보이신 것이 아니다. 그것은 마치 우리에게 페라리를 주고는 열쇠를 주지 않은 것과 같다.

그래서 "은혜"라는 단어를 제대로 이해하는 것이 그토록 값진 것이다. "은혜"에는 기독교 메시지가 진정 복된 소식인 이유가 들어 있다.

그리스도 안에서 우리에게 베푸신 하나님의 은혜는 어떤 형태로도 우리의 행위를 조건으로 내세우지 않는다. 특정 의식(儀式)에 참여하거나, 기억할 수 있는 모든 잘못을 세세하게 고백해야 한다고 하지 않는다. 은혜에 대한 이런 잘못된 관점은 죄책감과 의심이 가득하고 확신이 부족한 삶으로 이끌 뿐이다. 은혜를 이런 관점으로 생각하는 사람은 하나님이 자기에게 만족하지 않으실 거라는 두려움으로 이 세상을 살아갈 것이다.

그러나 하나님께 받은 은혜가 값없고 완전함을 이해한다면, 전혀 다른 경험을 하게 된다. 하나님이 지금 우리를 향해 웃고 계시며, 최후에 유죄라고 판결하지 않으실 거란 확신으로 살아갈 수 있다. 그럴 수 있는 것은 바로 그리스도를 통해 주어진 하나님의 은혜 때문이다.

"일반 은총"이란 무엇인가요?

하나님은 오직 한 분입니다. 그렇기 때문에 무슨 일을 하시든지 성품이 같습니다. 하나님이 은혜로 구원하신다면, 창조 역시 은혜로 하신 것이 틀림없습니다.

예수 그리스도의 복음의 은혜를 경험할 때, 우리는 주변 세상이 하나님의 동일한 성품을 표현한다는 것을 볼 수 있습니다. 효율성만이 지침이 되는 냉혹한 과정은 즐거움과 기쁨이 있는 인생을 낳을 수 없습니다. 그러한 삶과는 거리가 멉니다. 즐거움과 기쁨이 있는 인생은 자비로우신 하나님의 산물이기 때문입니다. 숨 한 번 쉬기 위해 애쓰지 않아도 그분은 모든 피조물에게 생명을 주십니다(행 17:25).

하나님을 인정하지 않는 사람들도 인생을 누립니다. 선하고 아름다운 세상에 살면서 그것을 즐깁니다. 모두 창조주의 자비 덕분입니다. 하나님은 그럴 필요가 없으셨지만 세상을 창조하셨습니다. 은혜로운 성품 때문입니다. 우리는 피조물이 주는 아낌없는 혜택과 아름다움뿐 아니라 가족, 그림, 음악, 창의성, 그리고 무엇보다 사랑(언제나 그 기원은 하나님께 있다[요일 4:7 참조])이 주는 따뜻함을 누립니다.

신학자들은 이것을 "일반 은총"이라고 부릅니다. 이것과 대조되는 개념으로 "특별 은총"이 있습니다. 특별 은총은 그리스도를 믿는 자들에게 보여주신 것입니다. 우리 모두 일반 은총을 누리지만, 일반 은총은 우리를 구원하지 못합니다. 성경은 우리가 하나님께 선한 선물을 받지만 그분을 인정하지 않거나 감사하지 않아 하나님 앞에서 우리의 유죄를 확증한다고 가르칩니다(롬 1:20-21).

사도행전 17장 27절에서 바울은 하나님이 **일반 은총**을 우리에게 보여주신 이유가 우리로 하여금 하나님을 찾고 그리스도 안에서 하나님의 **특별 은총**을 발견하도록 이끄시기 위해서라고 말합니다.

2장

아무 대가 없이 용서해 주신다고요?

사람들은 하나님의 은혜가
정말 공짜라는 사실을 가장 믿기 어려워한다.
워낙 "은혜롭지 못한" 세상에 익숙하다 보니,
은혜로운 세상이 어떤지를 진정으로 이해할 수가 없는 것이다.

사람들이 예수 그리스도의 복음에서 가장 믿기 어려워하는 부분은 인간이 죽은 자 가운데서 부활한 것이 아니다. 말씀으로 세상을 창조한 인격적인 신도 아니다. 심지어 선하신 하나님이 어떻게 세상에 고통을 허락하실 수 있느냐의 문제도 아니다.

이보다 훨씬 믿기 어려워하는 것은 하나님의 은혜가 정말 **공짜**라는 사실이다.

우리에게는 은혜에 대한 뿌리 깊은 의심이 있다. 하나님의 값없는 선물을 전하는 메시지를 들으면 잘 이해하지 못한다. 워낙 "은혜롭지 못한" 세상에 익숙하다 보니, 은혜로운 세상이 어떤지를 진정으로 이해할 수가 없는 것이다. 우리는 날마다 은혜롭지 못한 복음을 듣는다.

- 세상에 공짜는 없다.
- 돈은 쉽게 들어오지 않는다.
- 세상은 당신의 생계를 책임지지 않는다.

• 수고 없이는 소득도 없다.

이것이 은혜롭지 못한 세상의 원리들이다. 모든 것이 자업자득이다. 성취하면 자부심을 느끼고, 실패하면 부끄러워하며 감춘다. 계속 판단받고, 점수가 기록되며, 비난받고, 피드백되며, 평가받는다. 유능하거나 똑똑하거나 예쁜 사람만이 생존하기 때문에 당신이 지닌 모든 장점을 이용하는 곳이 세상이다.

카르마(karma, 불교와 힌두교의 업[業]을 뜻한다_ 옮긴이)라는 개념은 (호주의 팝그룹 "새비지 가든"을 인용하자면) "당신이 얻은 것은 당신이 준 것이 되돌아온 것이다"라는 뜻인데, 이것이 훨씬 논리적이고 공정해 보인다.

나는 은혜에 대해 알고, 심지어 경험하기도 했다. 그럼에도 은혜롭지 못한 옛 사고 습관은 고집스럽게 되풀이된다.

내가 일하는 것은 내 성취 목록을 강화하기 위해서다. 그것이 나 자신을 자랑스러워할 만한 사람으로 느끼게 해주기 때문이다.

나는 다른 사람들이 실패한 일들로 그들을 판단하고, 불만을 휴대폰처럼 몸에 지니고 다닌다. 나는 실제로 장남일 뿐 아니라, 예수님의 유명한 비유에 나오는 장남이기도 하다(눅 15:11-32 참조).

하나님 앞에 서는 것과 관련해서 우리는 보통 은혜롭지 못한 것에 해당하는 두 가지 잘못 가운데 하나를 저지른다. 첫째, 하나님의 호의에 대해 잠재적으로는 우리가 사실 사랑받을 만하거나 마땅한 자격이 있기 때문에 그리스도 안에서 값없는 하나님의 선물을 받는다고 믿는다. 둘째, 정말 누구에게도 용납될 수 없기 때문에 하나님께도 결코 용납될 수 없다고 생각한다.

이상하게 들리지만, 한 사람이 이 두 가지 생각을 동시에 긍정하기도 한다.

예수님의 기이한 경제학

하나님의 "은혜"라는 개념은 예수님의 가르침 가운데에서도 펄떡이는 심장과 같다. 직접 언급하신 적은 없어도 예수님은 계속해서 "은혜"를 가르치셨다. 그 모든 잘못에도 불구하고 아버지께 환영받은 탕자의 비유에서도(눅 15:11-32 참조), 결코 초대받을 수 없는 사람들에게 베풀어진 혼인잔치의 비유에서도(마 22:1-14 참조) 마찬가지다. 예수님은 계속 은혜를 가르치셨다.

그러나 우리를 가장 놀라게 하는 비유는 "포도원 품꾼" 비유일 것이다.

예수께서 이르시되 …… 천국은 마치 품꾼을 얻어 포도원에 들여보내려고 이른 아침에 나간 집 주인과 같으니 그가 하루 한 데나리온씩 품꾼들과 약속하여 포도원에 들여보내고 또 제삼시에 나가 보니 장터에 놀고 서 있는 사람들이 또 있는지라 그들에게 이르되 너희도 포도원에 들어가라 내가 너희에게 상당하게 주리라 하니 그들이 가고 제육시와 제구시에 또 나가 그와 같이 하고 제십일시에도 나가 보니 서 있는 사람들이 또 있는지라 이르되 너희는 어찌하여 종일토록 놀고 여기 서 있느냐 이르되 우리를 품꾼으로 쓰는 이가 없음이니이다 이르되 너희도 포도원에 들어가라 하니라 저물매 포도원 주인이 청지기에게 이르되 품꾼들을 불러 나중 온 자로부터 시작하여 먼저 온 자까지 삯을 주라 하니 제십일시에 온 자들이 와서 한 데나리온씩을 받거늘 먼저 온 자들이 와서 더 받을 줄 알았더니 그들도 한 데나리온씩 받은지라 받은 후 집 주인을 원망하여 이르되 나중 온 이 사람들은 한 시간밖에 일하지 아니하였거늘 그들을 종일 수고하며 더위를 견딘 우리와 같게 하였나이다 주인이 그중의 한 사람에게 대답하여 이르되 친구여 내가 네게 잘못한 것이 없노라 네가 나와 한 데나리온의 약속을 하지 아니하였느냐 네 것이나 가지고 가라 나중 온 이 사람에게 너와 같이 주는 것이 내 뜻이니라 내 것을 가지고 내 뜻대로 할 것이 아니냐 내가 선하므로 네가 악하게 보느냐 이와 같이 나중 된 자로서 먼저 되고 먼저 된 자로서 나중 되리라(마 19:28-20:16).

이야기의 줄거리는 단순하다. 포도원 주인에게는 해야 할 일이 있었다. 그래서 새벽 일찍 품꾼들을 찾았고, 그들과 하루치 임금을 합의한다. 그런데 여전히 일이 끝나지 않자 주인은 도와줄 인력을 좀 더 고용하기로 결정한다. 장터로 나가 보니 아직도 놀고 있는 품꾼들이 서 있는 것이 보인다. 주인은 약간 모호하게 "상당한 값"을 주겠다고 말하며 그들을 불러들인다.

주인은 오전 9시, 정오, 오후 3시, 그리고 해 그림자가 길어지는 오후 5시에도 그렇게 한다. 서로 다른 다섯 그룹의 품꾼들이 있다. 어떤 그룹은 모든 일이 끝날 때까지 열두 시간 동안 녹초가 되도록 일했다.

이제 임금을 정산할 시간이 되었다. 그런데 포도원 주인은 모든 품꾼에게 **정확히 같은 금액**을 건넨다.

직장과 관련해서 생각해 보면 얼마나 참혹한 재앙인가! 첫째 그룹에 속한 품꾼들이 돌아가는 상황을 깨달았을 때 어떻게 느꼈을지 짐작이 간다. 이건 대단히, 노골적으로, 완전히 불공평하다!

그 품꾼들은 하루 종일 땀범벅이 되도록 일했다. 마지막 그룹에 속한 품꾼들은 일을 끝내기 전 한 시간 정도만 참여했다. 그런데 모두 같은 급여를 받다니! 누군가가 목소리를 높여서 이렇게 말하는 것도 놀랍지 않다. "나중 온 이 사람들은 한 시간밖에 일하지 아니하였거늘 그들을 종일 수고하며 더위를 견딘 우리와 같게 하였나이다."

나는 당신이 이 사람의 요점을 이해하고 그의 고통에 공감할 수 있기를 바란다.

우리는 모두 공평함에 대해 예민하다. 그것은 유치원 시절 또는 그보다 훨씬 이전에 터득되어서 전 생애 동안 지속된다. 우리는 불공평함을 좋아하지 않는다. 특히 그 불공평함이 우리에게 적용될 때는 더욱 그렇다.

유튜브에서 어떤 실험 영상을 본 적이 있다. 우리에 갇힌 꼬리감기원숭이 두 마리가 과학자에게 돌을 주면 보상을 받는 영상이었다. 한 원숭이는 돌 하나에 포도 한 송이를 받았다. 다른 원숭이는 오이 하나를 받았다. 오이를 받은 원숭이는 처음에 자기가 받은 보상에 꽤나 행복해했다. 그런데 다른 원숭이가 아주 달콤한 포도를 받고 있다는 걸 알자 분노하기 시작했다. 그러고는 과학자에게 오이를 던졌다. 포도를 받을 수 있는데 누가 오이를 원하겠는가?

어느 회담에서 한 생물학자[1]가 동물이 도덕적 행위를 한다는 증거로 이 영상을 사용하였다. 어느 정도는 그럴듯했다. 어쩌면 이 영상은 그 반대 의견을 더 잘 설명하겠지만 말이다. 우리가 "도덕적" 행위라고 부르는 것은 같은 상황에서 원숭이들이 보인 행동이 아니라고 말이다.

솔직해 보자. 예수님의 비유에서 포도원 주인은 상당히 불공평했다. 장담컨대, 그 일로 인해 다음 날 일꾼들을 고용하기가 좀 힘들어졌을 것이다.

그러나 포도원 주인은 이렇게 자신을 변호한다.

---

[1] http://goo.gl/WvT1cS, 2013년 11월 접속.

친구여 내가 네게 잘못한 것이 없노라 네가 나와 한 데나리온의 약속을 하지 아니하였느냐 네 것이나 가지고 가라 나중 온 이 사람에게 너와 같이 주는 것이 내 뜻이니라 내 것을 가지고 내 뜻대로 할 것이 아니냐 내가 선하므로 네가 악하게 보느냐.

주인의 요점은 자신이 부정직하지 않으며, 계약이나 합의를 무시하지도 않았다는 것이다. 품꾼들은 일을 시작하면서 얼마를 받을지 알고 있었고, 그 임금을 위해 저마다 행복하게 일했다. 그런데 그것이 문제가 된 것은 다른 품꾼들이 얼마를 받았는지 알고 나서다. 그들은 무슨 근거로 불평하는가? 결국, 정의롭지 못한 일은 일어나지 않았다. 약속이 깨진 일도 없었다.

그러나 여전히 불편하다. 특히 예수님이 하나님 나라는 이와 같다고, 나중 된 자로서 먼저 되고 먼저 된 자로서 나중 되는 곳이라고 말씀하시고 있으니 더욱 그렇다. 우리는 정상에서 벗어나는 상황을 좋아하지 않는다. 예상이 빗나가는 것도 달갑지 않다. 우리는 교환의 경제에 익숙하다. 평등한 노동에 평등한 대가가 지불되는 것, 부채가 쌓이고 이자소득이 있고 세금을 피할 수 없는 것, 모든 것에 값이 매겨져 있는 것 말이다.

그런데 하나님 나라에서는 뭐든지 서열을 매기려는 인간의 방식이 뒤집힌다. 자, 이제부터는 은혜의 경제를 다룰 것이다. 그것은 무엇을 닮았을까? 어떻게 움직일까?

하나님 나라의 계산법

나라면 선택하지 않았을 사람들이 하나님 나라에는 있다. 확실하다. 하나님 나라에는 이 땅에서 평생 존경받는 고상한 시민으로 살지 않은 사람들도 있을 것이다. 온갖 범죄를 저질렀던 사람들도 있다. 하나님 나라는 특정한 점 때문이 아니라 모든 점에도 불구하고 사람들을 받아준다.

하나님 나라가 그렇게 작동하는 것은 그 나라의 소유주 때문이다. 하나님 나라는 우리 주 예수 그리스도의 아버지의 것이다. 그분은 태초에 세상을 창조하셨다. 세상이 필요해서가 아니라 그분의 부요하신 자유와 순전하게 베푸시는 성품 때문이다.

하나님의 경제는 임금(wage)의 경제가 아니라 선물(gift)의 경제다. 덧붙이자면, 이 선물은 우리가 다른 사람을 조종하기 위해 주는 것과 같은 그런 선물이 아니다. 고객에게 주는 와인, 우리를 사랑하는 사람 또는 우리가 사랑받고픈 사람에게 주는 선물과는 다르다. 하나님이 선물을 주시는 것은 전적으로 주고자 하는 그분의 자유에서 솟아난다.

하나님이 주시는 패턴은 특이하다. 그분은 감동을 받았기 때문이 아니라 그분이 주실 수 있기 때문에 주신다. 하나님은 전혀 받을 자격이 없는 자들에게 주신다. 그래야 하나님께 온 것이 우리가 수고해서 벌어들인 임금이 아니라 그분의 마음에서 넘쳐 흘러나온 선물이라는 사실을 알게 되기 때문이다.

하나님은 주실 의무가 없다. 그저 주기를 원하시는 것이다.

한번은 교도소에서 목사로 사역하는 친구를 방문한 적이 있다. 정직하게 말하자면, 나는 하나님의 은혜의 복음이 진짜인지 알고 싶었다. '교도소에 있는 사람들에게도 복음이 정말 영향력이 있을까?' 낭만적인 생각은 버리라. 사람들이 그곳에 감금되어 있는 이유는 꽤나 나쁜 짓을 저질렀기 때문이다. 일반적으로 과속이나 쓰레기 무단투기로 감옥에 들어가는 사람은 없다. 어떤 기준에서든 죄수는 분명 용납할 수 없는 사람들이다.

나는 강력범들이 모인 성경공부 모임에 참석하면서 그 궁금증에 대한 대답을 찾을 수 있었다. 자리를 잡고 앉은 나는 오랫동안 복역 중인 한 젊은이에게 귀를 기울였다. 그가 극악무도한 범죄를 저질렀다는 건 알고 있었다. '살인이었을까?' 그랬을지도 모른다. 그러나 물어보기가 무서웠다.

그런데 그곳에 그가 있었다. 나와 함께 기도하며, 나와 함께 성경을 읽었다. 그는 그리스도 안에서 한 형제였다.

생각해 보면, 얼마나 격분할 일인가! 당신은 그런 사람이 당신과 같은 교회의 교인이길 바라지 않을 것이다. 그들은 그 자리에 있을 자격이 없다.

그러나 예수 그리스도의 하나님은 그렇게 우리를 격분하게 만드시는 분이다. 예수님의 비유가 우리에게 던지는 질문은 이것이다. "당신은 이런 거룩한 분노를 가지고 살아갈 수 있는가? 당신이 그토록 목매는 서열을 인정하지 않으시는 하나님과 동행할 수 있는가? 정상적인 서열을 뒤집으시는 하나님과 함께할 수 있는가?" 그럴 수 없다면, 참으로 유감이다. 당신에게는 대안이 없기 때문이다.

그래서 예수님의 비유에서 우리가 외부인이 아니라 내부인이라고 생각하는 자들로 설명되는 것이다. 예수님의 비유는 우리가 누구인지 기억하게 해준다. 우리는 하나님의 은혜를 받은 자녀다. 그렇기 때문에 우리에게는 자랑할 근거가 없다.

그러나 기쁨의 근거는 셀 수 없이 많다.

내가 경험한 은혜

내가 값없는 용서, 즉 하나님의 은혜를 깨달은 것은 열여섯 살 무렵이다.

말했듯이, 나는 장남이다. 그것도 목회자 가정의 장남이다. 나는 교회에 다녔고, 주일학교에 참석했으며, 한 번도 반항한 적이 없었다. 모든 질문에 정답을 알고 있었다. 즉 수업 가운데 적어도 한 과목에서는 달인의 경지에 있었다는 뜻이다(나는 교회 부설 학교에 다녔다).

적어도 공개적으로는 그리 반항아가 아니었다. 대체로 그리스도인에게 딱 맞는 겉모습을 유지하고 싶었다. 그리고 반항할 만큼 용감하지도 못했다.

돌이켜 보면, 내가 습관적으로 지은 두 가지 죄가 있었다. **거짓말**과 **교만**이다. 나는 태어날 때부터 신앙을 갖고 있었다고 생각할 만큼 엄청난 자아도취에 빠져 있었다. 그리고 같은 반 친구들의 행동은 비난받아 마땅하다고 생각했다. 도덕적 우월감에서 비롯된 이런 마음가짐은 정말이지 가관이었다. '하나님, 제가 저 녀석들과 같지 않아서 감사합니다' (어린 시절의 내가 드린 기도를 떠올려보면 대충 이랬다).

그러나 당연히 나는 부모님이 하지 말라고 하신 것을 남몰래 하는 순간들을 즐겼다. 다만, 들키지 않게 잘 숨겼을 뿐이다.

당시에 나는 그리스도인이었을까? 그렇다고 생각한다. 그러나 내가 이해하지 못한 것이 있다. 나는 은혜란 극적으로 그리스도인이 되는 고통을 겪는 사람들을 위한 것이라고 생각했다. 조폭, 마약중독자, 창녀, 노예상인과 같은 사람들 말이다. 그래야 "놀라운" 은혜이지 않겠는가. 그 은혜는 나를 위한 것이 아니었다. 그렇다. 당시 나는 작은 바리새인이었다.

20대 초반에 만난 그리스도인 친구들 덕분에 하나님의 은혜가 나를 위한 것이기도 하다는 사실을 깨달았다. 은혜 말고는 다른 선택의 여지가 없다는 것을 알게 된 것이다.

그 친구들이 내게 물었다. "너는 네가 죄인이라고 생각하니?"

"내가 죄인이냐고? 아무렴, 죄인이지." 물론 내 대답은 정답이었다.

그런데 그들은 이렇게 말했다. "태어날 때부터 그냥 신앙을 가질 순 없어." 나는 이제껏 그리스도인이 될지 말지를 선택해 본 적이 없었다고 느꼈지만, 동의해야 했다.

그런데 그때 친구들이 이렇게 말했다! "자, 이제 선택할 시간이야." 그리고 이어서 이런 말들도 전해 주었다. "그리고 이걸 알아야 해. 네 죄는 네가 생각하는 것보다 훨씬 커. 그렇지만 하나님은 너를 용서해 주셔. 예수 그리스도의 십자가로 말이야."

"그래, 하나님은 너를 용서하셔. 네가 뛰어나거나 호감이 가거나 도덕적으로 단정한 녀석이라서가 아니야. 경건한 가정에서 자랐기 때문도 아니고. 그건 너를 향한 하나님의 위대한 사랑 때문이야."

이 사건에서 얻은 깨달음으로 내 인생이 바뀌었다. 당신도 이 지식 위에 인생을 세울 수 있다. 이 일로 내가 누구인지에 대한 모든 불확실성이 사라졌다. 내 정체성을 발견했기 때문이 아니라, 하나님이 나를 예수님 안에서 아들로 부르셨기 때문이다. 이 일을 행하시는 분은 하나님이기 때문에 나는 그 깨달음을 잃어버릴 리가 없다. 안전과 확신을 얻는 놀라운 순간이었다. 그 일은 내가 누구였고 또 누구인지를 말해 주었다.

25년이 지난 지금도 나는 아침마다 이 깨달음을 기억하며 하루를 시작한다.

은혜는 어떻게 받을 수 있나요?

    은혜는 오직 믿음으로만 받을 수 있습니다. 그렇지 않으면 은혜가 아닙니다. 노력으로 얻어야 한다면, 선물이 아닙니다.

    그렇다면 믿음(faith, 신앙)이란 무엇일까요? 영어에서 이 단어는 매우 다양한 곳에서 사용됩니다. 때때로 이 단어는 "기독교 신앙"이나 "이슬람 신앙"처럼 종교를 의미합니다. 또 때로 "신앙을 갖는다"는 것은 "어떤 것을 진리라고, 또 어떤 것을 진리가 아니라고 믿다"라는 것을 뜻합니다.

    그러나 은혜를 받는다는 맥락에서 볼 때, 성경은 믿음을 "약속하시는 하나님께 자신을 전적으로 온전히 의뢰하는 것"이라고 말합니다. 하나님이 아브라함과 언약하실 때, 아브라함은 하나님을 "믿었습니다." 달리 말하자면, 아브라함은 하나님이 언약을 지키시리라 믿었습니다. 그리고 그때부터 줄곧 그 믿음이 아브라함의 인생을 결정했습니다.

    바울은 "너희는 그 은혜에 의하여 믿음으로 말미암아 구원을 받았으니"(엡 2:8)라고 말했습니다. 이것은 에베소 교인들이 하나님의 약속을 믿음으로 말미암아 어떻게 은혜를 붙잡았는지 말해 줍니다. 은혜를 받는 이 방식은 오늘날의 우리에게도 유효합니다. 우리가 용서라는 위대한 선물을 받고 싶다면, 단순히 하나님이 주시는 선물로 받으면 됩니다. 하나님은 그리스도를 통해 당신을 용서하겠다고 약속하십니다. 자, 이제부터는 그 믿음이 당신의 인생을 결정하게 하십시오.

3장

은혜가 공짜라면 무슨 가치가 있나요?

우리는 아무런 대가도 지불하지 않은 것들은
가치가 없다고 생각하는 경향이 있다.
일회용품 같은 것이라고 말이다.
그러나 예수님은 하나님의 은혜는 공짜지만,
값싼 것은 아니라고 말씀하신다.

당신이 소유한 것 가운데 가장 가치 있는 것은 무엇인가?

얼핏 듣기에는 비교적 쉬운 질문처럼 들린다. 단순히 소유물이나 투자물의 관점에서 생각한다면 대답이 어렵지 않을 것이다. 손해보험 가입서를 작성해 본 적이 있는가? 이 가입서는 화재나 홍수, 폭풍우로 파괴되거나 도난당할 경우에 대비해서 각 소유물 옆에 금전적 가치를 써넣게 되어 있다. 그러면 목록 가운데 무엇이 가장 값나가는 물건인지 확실히 알 수 있다. 무엇이 가장 가치 있는 것인가? 승용차? 아니면 다른 사람에게 받았거나 유산으로 상속받은 값비싼 반지?

그러나 금전적인 면에서만 가치가 측정될 수 있다는 생각은 매우 일차원적이다. 그뿐 아니라 우리의 애장품이 지닌 인격적이고 인간적인 차원을 무시하는 것이다. 보통 가장 아끼는 것은 가치를 측정할 수 없다. 또는 그 자체로는 아무런 가치가 없지만 우리에게 특별한 의미가 있는 것들이 있다. 그것들은 "소중하다"고 표현하는 것이 더 맞을 것이다.

최근 우리 부모님은 대가족형 단독주택에서 작은 주택으

로 이사하셨다. 그러기 위해 부모님은 수년간 간직해 오신 온갖 잡동사니를 추려내셔야 했다. 내 우표모음집, 내 초등학교 과제물 따위를 말이다. 이 물건들에는 금전적인 가치가 전혀 없다. 그러나 내게는 매우 가치 있는 것들이다. 사실 어떤 것은 그 무엇으로도 대체할 수 없을 만큼 엄청나게 소중하다. 그러나 의심할 여지 없이 내 후손들은 때가 되면 그것들을 처분해 버릴 것이다.

게다가 나는 "소중한 무언가"를 떠올릴 때면 내가 좋아하는 물건이 아니라 내가 사랑하는 사람, 아내와 아이들을 떠올린다. 누군가가 슬픔에 잠겨 "그 사람이 다시 살아 돌아올 수만 있다면 뭐든 다 줄 거야"라고 말할 때, 그 말이 무슨 뜻인지를 이해하기란 그리 어렵지 않다. 말하자면, 법원에서 사고로 잃은 배우자에 대해 배상하려 할 때, 우리가 얻는 것은 부조리뿐이다. 그 상실에 값을 매기려는 노력조차 부조리하기 때문이다.

값진 진주

예수님은 진주 비유에서 우리에게 무엇이 소중한지를 아주 깊이 숙고해 보기를 원하신다.

또 천국은 마치 좋은 진주를 구하는 장사와 같으니 극히 값진 진주 하나를 발견하매 가서 자기의 소유를 다 팔아 그 진주를 사느니라(마 13:45-46).

한 상인을 상상해 보라. 그는 값진 보석과 사치품을 판매한다. 그래서 좋은 진주를 찾고 있다. 왜? 상인이니까. 그는 돈 버는 것이 목적인 상인이다. 그는 상품을 찾기 위해 홍해까지 다녀왔음직하다. 홍해는 1세기에 진주가 발견되었다고 알려진 장소니까 말이다.

오해하지 말라. 고대 사회에서 진주는 매우 귀중한 보석이었다. 적어도 1세기 로마제국 저술가 플리니우스는 그렇게 기록하였다. 플리니우스와 동시대 역사가인 수에토니우스는, AD 69년에 8개월간 황제 자리에 앉았던 로마제국의 장군 비텔리우스가 고작 어머니의 진주 귀고리 하나를 팔아서 전체 군사 작전의 자금을 공급했다고 기록했다. 클레오파트라는 진주 귀고리 하나를 포도주에 녹여 마셨다고 전해진다. 이것은 한 나라 전체에 맞먹는 부를 한 끼 식사로 써버릴 수 있다는 것을 보여주어 마르쿠스 안토니우스와의 내기에서 이기기 위해 한 행동이었다. 이야기를 상술하면서(당연히

조금은 과장되었을 거다. 누구라도 그러지 않겠는가?) 플리니우스는 클레오파트라의 진주 귀고리 한 쌍의 가치를 1,000만 세스테르티우스(고대 로마의 화폐 단위)로 계산했다. 오늘날의 화폐 가치로 얼마인지 정확히 말할 수는 없지만, 평범한 군인이 1년에 1,000세스테르티우스를 벌었다는 사실에서 그 가치를 추정해 볼 수 있다. 실로 엄청난 금액이다.

그래서 이 상인은 한 건 제대로 걸리면 큰돈을 벌게 해줄 상품을 찾고 있다. 그것이 그의 비즈니스다.

그때 그가 놀라운 것을 발견한다. 극히 값진 진주 하나를 찾은 것이다. 가치가 엄청난 이 진주를 발견하자마자 그는 이상한 행동을 한다. 자기 소유를 다 팔아 진주를 산 것이다.

조금 특이한 순간이다. 그는 상인이 아니었던가? 현명한 상인은 자산을 한 곳에만 투자하는 일이 드물다. 상업적인 관점에서 보면 이 전략에 내재하는 리스크는 매우 크다. 전 재산을 한 상품에 집중시켰기 때문이다. 그는 대비책도 세우지 않았다. 그가 찾은 상품을 엄청나게 싸게 구입한 것 같지도 않다. 예수님은 그 상인이 알렉산드리아 어딘가에 있는 골동품가게 구석에서 진주를 발견하고 은화 몇 푼에 산 것처럼 말씀하시고 있지 않다. 이 진주는 엄청나게 비싸기 때문에, 사려면 전 재산이 든다.

상상해 보라. 그가 출장을 마치고 가족에게 돌아온다. 그러고는 아내에게 집과 재산을 모두 팔아야 하는 이유를 설명하려 애쓴다.

무엇이 그를 사로잡았는가?

진주다.

값진 진주 하나가 그를 꾀었다. 그의 행동을 보면 무언가에 홀린 것만 같다. 단순히 재산을 불릴 방법을 찾은 것이 아니라, 마치 사랑에라도 빠진 것 같다. 그는 그것을 반드시 소유해야 했다. 그 진주가 상인인 자신을 망하게 하고, 가족의 생계를 극단적인 어려움에 빠뜨릴지라도 말이다.

그가 보인 행동은 그 진주가 그저 흰 이물덩어리가 아니라 비범한 매력과 아름다움을 갖춘 보석임을 암시한다. 이것이 바로 값비싼 보석의 흥미로운 점이다. 보석이 값비싼 이유는 희귀하고 아름답기 때문이다. 보석은 그 자체를 값나가게 만들어주는 특별한 기능이 없다. 적어도 그 기능이 우선되지는 않는다. 보석은 특정한 산업 분야에 사용되기 때문에 가치 있게 여겨지는 것이 아니다. 한 도시를 성장시키거나 우리의 건강을 보장해 주지 않으며, 적군에게서 우리를 보호해 주지도 않는다. 보석은 아무 기능도 하지 않는다.

보석은 그냥 존재한다. 그 자체로 탄성이 나온다. 보석의 가치는 보석이 만들어내는 경외심에 있다. 우리가 살펴본 경우에서는 좋은 진주 하나가 어찌나 매력적인지, 상인이 (정상적으로 생활할 수 없게 했다는 관점에서) 마약중독자처럼 행동하게 만들 정도였다. 진주를 간절히 열망하는 마음이 그를 완전히 사로잡아버렸다.

이 상인을 보면 〈반지의 제왕〉에 나오는 골룸이 떠오른다. 그에게 진주는 골룸이 "프레셔스"("소중한 것"이라는 뜻_옮긴이)라고 부르던 반지와도 같다. 우리는 골룸이 이성을 잃었다고 생각한다. 그 아름다운 반지를 제외하고는 만사에 흥미를 잃었기 때문이다. 그러나 예수님의 비유의 요점은 그 상인을 지혜롭다고 칭찬하신 것이다. 하나님 나라를 이와 같이 여기지 않는 사람이 이상한 사람이다. 왜? 진주는 그만한 가치가 있기 때문이다. 하나님 나라 역시 그만한 가치가 있다.

공짜, 그러나 값싼 것은 아니다

자, 주의 깊게 생각해 보자. 우선, 예수님은 하나님 나라가 극히 값진 **진주** 같다고 말씀하시지 않았다. 극히 값진 진주를 **구하는** 장사, 그리고 그 진주를 발견하고 취하는 그의 태도와 같다고 말씀하셨다. 예수님은 우리의 관심을 그저 진주에 두게 하신 것이 아니라, 그 아름다움을 인지한 사람이 진주에 보이는 반응으로 이끄신다.

우리가 마태복음에서 보게 되는 "구하고 찾는 일"에 대한 언급은 이 부분에만 있는 것이 아니다. 산상수훈(마 5-7장)에서 예수님은 이렇게 말씀하신다.

> 그런즉 너희는 먼저 그의 나라와 그의 의를 구하라(마 6:33).

산상수훈의 주제는 하나님의 공의롭고 평화롭고 의로운 통치는 우리가 **간절히** 찾아야 하는 것이라는 사실이다. 그것은 간절히 구하는 자에게 주어진다. 주리고 목마른 사람들, 구하고 찾고 두드리는 자들에게 주어진다(마 5:6, 7:7-8). 그것은 강하게 사로잡힐 만한 가치가 있다. 하나님 나라를 제대로 평가한다면, 그 나라에 속하기 위해 그 어떤 것도, 심지어 모든 것을 포기하려 들 것이다. 하나님 나라가 얼마나 소중한지 알기만 한다면, 우리가 그동안 이해한 다른 모든 것의 가치와 의미가 온통 달라질 것이다.

그러나 이 비유가 내게 복잡하게 여겨지는 이유가 있다.

하나님의 은혜는 값없이 온다.
그러나 그것을 얻기 위해서는 우리가 가진 전부가 든다.

어떻게 이럴 수 있을까?

자, 우리는 비유가 지닌 한계를 인정해야 한다. 상인은 진주를 산다. 그것은 매우 비싸다. 이 이야기대로라면 가난한 사람은 기회를 얻지 못할 것이다. 그가 살 수 없을 만큼 하나님 나라의 가격이 높게 매겨진 것처럼 보이기 때문이다.

그러나 예수님이 말씀하시려는 것은 그것이 아니다. 오히려 예수님은 하나님의 은혜는 공짜지만, 값싼 것이 아니라고 말씀하신다. 우리는 아무런 대가도 지불하지 않은 것들은 소유할 가치가 없다고 생각하는 경향이 있다. 일회용품 같은 것이라고 말이다. 내가 아는 어떤 사람들은 자신이 직접 준비하는 이벤트에 티켓 값을 매긴다. 순전히 가볼 가치가 있다는 인상을 주기 위해서다. 일종의 마음속임이다.

그러나 하나님 나라는 일회용품이 아니다. 재활용품은 더더욱 아니다. 플라스틱 제품도 아니다. 하나님 나라는 진주와 같이 독특하고 아름답다. 탄성이 절로 나온다. 그렇기 때문에 하나님 나라를 제대로 이해한다면, 우리는 하나님 나라에 인생 전체를 넘겨줄 것이다. 히틀러를 암살하려는 모의에 가담했다는 이유로 나치의 핍박을 받은 독일의 목사이자 신학자인 디트리히 본회퍼는 이렇게 말했다. "그리스도께서 부르실 때는 와서 죽으라고 부르시는 것이다."

이것은 슬픈 소식이 아니다. 예수님과 복음을 위해 죽는 사람, 가진 전부를 남기고 떠나는 사람, 어머니와 형제를 미워하기까지 하는 사람은 복이 있다. 예수님이 그렇게 말씀하셨다. 하나님 나라에서 그 사람은 남기고 떠난 모든 것을 얻되 여러 배를 얻을 것이다(마 19:29).

이기적인 동기?

그런데 은혜롭지 못한 우리의 본능이 발동하기 시작한다. 우리는 생각한다. '근데 말이지, 그건 정말 이기적인 생각 아니야? 그저 탐욕의 형태가 하나님 나라라는 보물을 찾는 걸로 바뀐 거 아니냐고. 그것도 정상적인 계산을 거쳐 나온 결과물, 그러니까 단순히 사리사욕 아니냔 말이지.'

하나님 나라는 단순히 거래가 아니다. 상인의 충격적인 집

요함을 떠올려보라. 그는 아름답고 비범한 진주 자체가 좋아서 그것을 사랑했다. 쓸모 있어서가 아니었다. 그에게 그 진주는 어떤 목적을 이루기 위한 수단이 아니었다. 그냥 그 자체였다. 하나님 나라도 그렇다. 하나님 나라를 갈망하고 찾는 것은 부유해지고 싶어서가 아니다. 그것은 하나님을 갈망하는 것이다. 세상 어디에나 하나님의 평화와 공의와 의로움이 세워지기를 갈망하는 것이다. 지금 무르익어가는 열매가 최종적으로 맺힐 세상을 갈망하는 것이다.

하나님 나라는 아름답다. 그 아름다움은 당신의 전 존재가 그 나라의 삶을 살아가기를 갈망한다는 뜻에서 중요하다. 이기적인 목적을 따지는 것이 아니다. 하나님 나라를 소유하려는 갈망이 아니라 그 나라에 속하려는, 그 나라의 왕 되신 분의 소유가 되려는 갈망이다.

우리가 사랑하는 사람들이 우리에게 소중하듯, 하나님 나라도 그렇게 귀하다. 하나님 나라는 경제학을 뛰어넘는다. 그곳에서 하나님은 우리에게 회계학 실력이 아니라 값비싼 사랑을 보여주시기 때문이다. 그 사랑 때문에 우리는 이 보물의 값을 매길 수 없다. 그 위대한 사랑 때문에 하나님은 아들 안에서 값없이 우리에게 그분 자신을 주셨다. 그러므로 그에 어울리는 유일한 반응은 그분께 우리를 드리는 것이다.

이 비유가 우리에게 도전하는 바는, 우리가 어마어마하게 집요해진다는 사실을 기억하라는 것이다. 우리가 하나님 나라를 "얻으면" 그동안 높은 가치를 두던 대상과, 가치를 매기는 방법이 철두철미하게 변할 것이다. 그리고 우리는 그 사실을 깨닫더라도 놀라지 않을 것이다. 가족과 친구들이 당황스런 눈초리로 바라보더라도 개의치 않을 것이다.

하늘의 보물에 비추어보면, 세상의 재물을 모두 걸더라도 행복할 것이다. 사회에서 받아들여질 수 있는지, 심지어는 괜찮아 보이는지도 신경 쓰지 않을 것이다.

하나님이 값없이 베푸신 은혜에 적합한 반응은 우리가 가진 전부로 그리스도를 따르는 것임을 결코 잊지 말라.

은혜에 관한 예수님의 비유가 단순히 하나님의 값없는 용서만 말해 주는 것이 아니라는 사실이 내게는 충격적이다. 예수님의 비유는 값없는 용서를 진정으로 이해하는 것은 철저히 변화된 삶을 사는 것을 의미한다는 사실을 가르쳐준다. 우리는 단순히 신자로 사는 것이 아니라 예수님을 따르는 자로 사는 것이다. 아니, 더 정확히 표현하자면 이렇다. "신지가 되는 것은 예수님을 따르는 자가 되는 것이다."

왜 그냥 용서해 주실 수는 없는 건가요?

하나님이 죄를 용서하시는 데 핵심은 예수님의 십자가입니다. 은혜의 중추부인 것입니다. 그런데 왜 하나님은 십자가라는 소름 끼치는 사건 없이 그냥 용서해 주실 수 없는 걸까요?

우리는 용서가 근본적으로 무엇과 연관되어 있는지 이해해야 합니다. 당신이 누군가를 용서한다는 것은 단지 그들을 향해 어깨를 으쓱하며 대수롭지 않게 여긴다는 것이 아닙니다(그것은 용서가 아닙니다. 부정일 뿐이지요). 용서한다는 것은 그들의 행동을 잘못이라고 정죄하는 것이 전제로 깔려 있습니다. 그러나 그와 동시에 잘못한 사람에게 엄중한 복수나 처벌을 하기보다는 그들이 한 행동의 결과를 견디는 것입니다.

그것이 바로 하나님과 인간 사이에 일어난 일입니다. 우리는 죄를 짓습니다. 벌을 받아 마땅합니다. 그러나 하나님의 아들이 십자가 위에서 우리가 받아야 할 형벌을 받으셨습니다. 그렇게 해서 죄인을 향한 하나님의 진노가 비켜갈 수 있게 하셨습니다.

그 말은 하나님의 용서가 **참된** 용서라는 뜻입니다. 영리한 회계학적 술수가 아닙니다. 하나님은 우리에게 거짓말("염려하지 마라. 네 죄는 그다지 중요하지 않단다. 어찌 되었든 난 너를 사랑한다.")을 하지 않으십니다. 십자가를 볼 때 우리는 죄가 무시무시하게 나쁜 것이고, 하나님이 죄는 심판받아 마땅하다고 생각하신다는 사실을 알 수 있습니다.

또한 한 사람 한 사람을 용서하시겠다는 진실한 제안이 널리 알려져 있다는 것도 알 수 있습니다. 예수님의 죽음으로 죄에 대한 고통스런 처벌이 온 세상에 드러났기 때문입니다.

4장

왜 누구에게는 은혜를 주시고 누구에게는 안 주시나요?

자격 없는 어떤 죄인들에게는 호의를 베풀기로 하시고,
어떤 죄인들에게는 베풀지 않으시는 것은
하나님이 일시적인 기분에 따라 행동하신다는 증거일까?
은혜는 그저 행운의 다른 이름일 뿐인가?

곧 창세전에 그리스도 안에서 우리를 택하사 우리로 사랑 안에서 그 앞에 거룩하고 흠이 없게 하시려고 그 기쁘신 뜻대로 우리를 예정하사 예수 그리스도로 말미암아 자기의 아들들이 되게 하셨으니 이는 그가 사랑하시는 자 안에서 우리에게 거저 주시는 바 그의 은혜의 영광을 찬송하게 하려는 것이라(엡 1:4-6).

하나님은 자격이 없는 자에게 은혜를 베푸신다. 그것이 은혜를 은혜 되게 한다. 은혜는 인간의 교만을 제거한다. 은혜 안에서는 우리에게 주어진 것 말고는 우리 것이라고 부를 만한 것이 없기 때문이다. 구원 여부도 하나님께 달려 있다.

은혜의 어두운 면?

그것은 좋은 소식처럼 들린다. 그리고 좋은 소식이 맞다. 그렇다면 은혜에 어두운 면이 있을까? 자격 없는 어떤 죄인들에게는 호의를 베풀기로 하시고, 어떤 죄인들에게는 베풀지 않으시는 것은 하나님이 일시적인 기분에 따라 행동하신다는 증거일까? 하나님은 단순히 무작위 원칙에 따라 결정하시는가? 신의 뜻에 따라 주사위가 던져진다, 뭐 그런 것인가? 은혜는 그저 행운의 다른 이름일 뿐인가?

하나님은 다정한 아버지만 못하신가? 아니면 폭군보다는 나으신 건가? 어느 경우인가? 하나님이 어떤 이들에게 은혜를 베푸실 수 있다면, 왜 모두에게 베풀지 않으시는 것인가?

이것은 모두 개인적 차원의 질문이다. 우리가 사랑하는 누군가는 복음에 반응하지 않는다. 한때 반응했지만 슬프게도 지금은 아닌 사람도 있다. 그렇다면 그들은 어떻게 되는가?

이것은 신학에서 매우 까다로운 문제다. 이 문제 때문에 수많은 신학자가 은혜에 관한 타협안을 제안하기도 했다. 그러나 이번 장을 시작하면서 인용했듯이, 성경은 하나님이 "창세전에" 우리를 택하신다고 분명하게 가르친다.

그렇다면 하나님은 어떻게 우리를 택하실까? 은혜가 임의적이거나 부당해 보이지 않으려면 반드시 인간 측에서 은혜를 일으키는 조건이 있어야 한다. 아무리 작은 것이라도 하나님이 은혜를 베풀 만하다고 여기실 것이 우리 안에 있을 것이다. 아니면 하나님은 우리가 최선을 다해 애쓰는 걸 보시는지도 모른다. 자선 사업을 주로 하는 교회 교인이라는 점이 우리를 눈에 띄게 해줄 것이다. (이건 패나 기발한 방법이긴 한데) 하나님이 길고긴 인류 역사를 내려다보시며 누가 그분께 반응할지 미리 아시고 그 사람을 선택하시는지도 모른다.

이 대답들의 문제는 하나님의 값없는 선물인 은혜를 은혜 아닌 것으로 만든다는 점이다. 이 대답들은 아무리 작은 것이라도 우리가 하나님께 드리는 무언가에 의지하고 있다.

성경은 어떻게 말하는가?

이 문제를 생각해 본 사람은 우리가 처음이 아니다. 성경 기자들도 우리가 다루고 있는 이 딜레마와 씨름했다. 그들이 내준 대답은 결코 가볍지 않다. 로마서 9-11장에서 바울은 고뇌에 빠져 이렇게 묻는다. "어째서 많은 이스라엘 백성이 복음에 반응하지 않는 것인가?"

이에 대해 성경이 가르치는 답은 다음과 같이 요약해 볼 수 있다.

1. 하나님은 모든 사람에게 구원을 제시하신다. 하나님은 세상을 사랑하신다(요 3:16). 하나님은 어느 누구도 자기 죄로 죽

는 걸 원치 않으신다.

2. 그럼에도 모든 사람이 구원받는 것은 아니다. 고집스럽게도 그리고 비참하게도 하나님의 사면(赦免) 선포를 거절하고 그분과 여전히 대립하는 사람들이 있다.

3. 그분께 속한 자를 선택(택정)하시는 분은 하나님이다. 예수님은 이렇게 말씀하셨다. "아버지께서 내게 주시는 자는 다 내게로 올 것이요 내게 오는 자는 내가 결코 내쫓지 아니하리라"(요 6:37).

4. 그 말은 결국 하나님이 다른 이들은 선택하지 않으신다는 뜻이 된다. 왜? 이 질문에 바울은 이렇게 대답한다. "하나님은 만물의 창조주이지 않소? 그런 분에게 자신이 만든 것을 원하는 대로 하실 절대 권리가 있지 않겠소?"(롬 9:14-26 참조). 우리는 상급법원에 항소할 것이 없다. 우리가 그분의 마음을 이해하지 못한다는 이유로 창조주이신 하나님이 인간에게 유죄 판결을 받지는 않을 것이다.

이것은 매운 음식을 입안 한가득 넣고 씹어 먹는 것처럼 불편하다. 그렇더라도 잠시 숨을 고르고 바울이 하는 말에 귀를 기울이라. 바울은 "하나님이 어떤 사람들을 창조하신 것은 그저 유죄 판결 내리는 것을 즐길 수 있기 때문이다"라고 말하는 것이 아니다. "만약 하나님이 그렇게 하시더라도 우리에게는 그분께 불평할 명분이 없다"는 뜻이다. 이때 "만약"은 결정적이다. 이것은 바울의 의도를 보여준다. 바울의 의도는 우리의 관심을 이 문제에서 떼어놓는 것이다. 이 문제에는 판단을 하나님께 넘겨드리려는 노력이 함축되어 있기 때문이다.

우리는 이 문제에 대한 하나님의 마음을 모를 뿐더러, 그분의 마음을 추측해 보는 것은 아무 유익이 없다. 인생의 사소한 사항들에 대해 하나님의 마음을 짐작하려고 애쓸수록 점점 상황을 그르치게 된다.

안심시키는 은혜

이것은 우리에게 매우 중요하다. 은혜의 교리가 우리에게 상기시켜주는 것은, 사람들이 믿음을 갖게 된 이유가 순전히 그들 안에서 역사하시는 하나님 때문이라는 것이다. 우리는 최종적으로 그들이 누구일지 모른다. 사람의 마음속을 들여다볼 수도, 거기에 무엇이 있는지 알 수도 없다. 결과를 알게 되면 깜짝 놀랄지도 모른다!

신약성경이 은혜에 관해 가르치는 내용은 우리를 근심케

하려는 것이 아니다. 그 반대다. 즉 그 내용을 읽고 근심스러워졌다면, 잘못 이해한 것이다. 우리는 안심해도 된다.

에베소서 1장의 핵심은 이렇다. "당신의 믿음이 약하고 불확실해 보여도, 그리고 당신이 핍박당하더라도 걱정하지 말라. 당신은 창세전에 그리스도 안에서 택함 받았다. 그리스도 안에 든든히 서 있다. 당신의 구원은 당신의 불확실한 기분이나 자신감, 진전에 달려 있지 않다. 그것은 완전히 견고한 기초이신 예수 그리스도 위에 세워져 있다." 이 말씀은 본질적으로 우리가 어디를 바라봐야 하는지 말해 준다.

나는 하나님이 왜, 무슨 근거로 누구는 선택하시고 누구는 선택하지 않으시는지 모른다. 그저 바울이 고린도전서 1장 27절에서 설명하듯이 하나님이 세상의 약한 것들을 택하셔서 강한 것들을 부끄럽게 하려 하신다고 말할 뿐이다. 그러나 이 특이한 조건 말고는 아는 바가 전혀 없다.

하나님이 부당하신 것인가?

하나님이 아무 설명 없이 누구는 선택하시고 누구는 선택하지 않으신 것이 그분을 부당하게 만드는가? 아니다. 그런 비난은 전혀 효력이 없다. 더 중요한 사실은 하나님께는 옳다고 생각하시는 대로 행동하실 **권리**가 있으실 뿐 아니라, 그분이 다름 아닌 죄를 용서하기 위해 십자가에서 죽으신 예수 그리스도의 아버지시라는 것이다.

예수님의 값비싼 고난 가운데 우리에게 부어진 하나님의 특별한 사랑은 우리가 상대하는 하나님이 기분파도, 독불장군도, 변덕쟁이도 아니라고 확신시킨다. 그분은 자기 백성에게 한 약속을 철저하게 지키시며, 자녀를 보호하고 돌보기 위해 이례적인 일도 서슴지 않으심을 거듭 보여주신 하나님이다. 무엇보다 그분은 만물의 주권자이시다. 그분은 "그의 뜻대로 부르심을 입은 자들에게는 모든 것이 합력하여 선을 이루도록"(롬 8:28) 자기 목적대로 역사를 형성해 가신다.

이 대답이 그저 도망이나 책임회피처럼 들리는가? 앞서 제시한 타협안이 더 그럴듯해 보이는가? 이 두 질문에 대한 대답은 분명히 "아니오"다. 우리는 타락하고 유한한 존재다. 그렇기 때문에 우리 능력으로는 하나님의 방법을 완전히 이해할 수 없다. 하나님과 그분의 사역을 이해하려는 노력을 멈추라는 뜻이 아니다. 전혀 아니다. 그러나 간단히 풀 수 없는 문제를 발견하더라도 절망하지 말라는 뜻인 것은 맞다.

은혜가 거둬질 수도 있나요?

이 질문은 많은 사람을 두 가지 이유에서 근심하게 만듭니다. 첫째, 한때 신앙을 고백했지만 이후 신앙에서 떠나버린 가족과 친구들 때문입니다. 그들의 믿음은 진짜였을까요? 언젠가는 돌아올까요?

둘째, 우리가 얼마나 연약한지 알기 때문입니다. 우리는 우리의 구원을 위험에 빠뜨릴 만한 죄를 저지를 수도 있지 않을까요? 히브리서에 있는 경고 구절은 어떻습니까? 그 구절은 입술에 의해 구원의 향방이 갈릴 수 있는 것처럼 암시하고 있지 않습니까? "일단 한 번 구원받으면, 영원히 구원받은" 것일까요?

이 질문에 대답하는 가장 좋은 방법은 우리 자신에게 초점을 맞추지 말고 하나님의 신실하심에 초점을 맞추는 것입니다. 하나님은 어떤 분입니까? 신실하게 약속을 지키시는 분입니다. 하나님은 자기 백성에게 약속하신 모든 것을 보증하시기 위해 성령님을 보내주셨습니다(엡 1:13-14). 자기 아들을 아끼지 않으셨고, 엄청난 대가를 지불하고 우리를 구원하셨습니다(롬 8:32). 그러므로 우리는 하나님이 직접 뱉으신 말씀은 반드시 지키신다는 담대함을 가져야 합니다. 사실 이것이 바로 히브리서의 메시지입니다. "그러므로 우리는 긍휼하심을 받고 때를 따라 돕는 은혜를 얻기 위하여 은혜의 보좌 앞에 담대히 나아갈 것이니라"(히 4:16).

그러나 히브리서 기자는 독자들을 깨우치고 설득하며 경고합니다. "그러므로 너희 담대함을 버리지 말라 이것이 큰 상을 얻게 하느니라 너희에게 인내가 필요함은 너희가 하나님의 뜻을 행한 후에 약속하신 것을 받기 위함이라"(히 10:35-36). 구원이 보장된다면, 그는 왜 이렇게 말하는 것일까요?

하나님은 이러한 경고와 깨우침으로 우리가 계속 그리스도를 신뢰하여 구원을 받도록 독려하시기 때문입니다.

목회자로서 내가 가장 걱정스러운 사람은 자신의 구원을 "느긋하게 여기는" 사람입니다. 그런 사람들은 자신이 받은 것의 가치를 제대로 이해하지 못했기 때문입니다. 히브리서가 말하는 담대함이란 과거의 결단이나 헌신의 기도 때문에 우리가 구원받았다는 자신감이 아닙니다. 하나님 안에서의 확신입니다. 또한 그것은 올바른 경외심을 뜻하기도 합니다.

은혜가 거두어질 수 있을까요? 올바른 대답은 긍정이나 부정이 아닙니다. 올바른 대답은 이것입니다. **"하나님은 신실하시므로 온 힘을 다해 그분께 매달리십시오."**

5장

은혜로 사는 삶에서 구약의 율법이 필요한가요?

구약 율법은 오늘날 그리스도인의 삶에서 어떤 역할을 하고 있을까?
은혜와 율법은 서로 대치된다는 뜻일까?
만약 그렇다면, 어떤 점에서 대치되는 것일까?

내가 율법이나 선지자를 폐하러 온 줄로 생각하지 말라 폐하러 온 것이 아니요 완전하게 하려 함이라 진실로 너희에게 이르노니 천지가 없어지기 전에는 율법의 일점일획도 결코 없어지지 아니하고 다 이루리라(마 5:17-18, 예수님).

죄가 너희를 주장하지 못하리니 이는 너희가 법 아래에 있지 아니하고 은혜 아래에 있음이라(롬 6:14, 바울).

내가 자라면서 다닌 교회 건물은 화려하게 꾸며져 있지 않았다. 오히려 평범했다. 그래서인지 전면에 달린 커다란 액자가 훨씬 두드러져 보였다. 그 액자에는 중세풍 글씨체로 십계명이 적혀 있었다(그래서 훨씬 무섭게 보였다).

모세가 십계명을 받는 이야기는 교회 벽에 붙어 있던 십계명의 외양보다 더 극적이다(안타깝게도 그 액자는 몇 년 전에 불에 타 없어졌다). 모세가 시내산에서 내려온다. 그곳에서 모세는 거룩하신 하나님과 만났다. 그는 두 개의 돌판을 들고, 두려워하는 이스라엘 백성에게 내려온다. 처음에 내려왔을 때에는 이스라엘 백성이 금송아지를 섬기고 있는 모습을 보고 돌판을 박살낸다. 이스라엘 백성은 "너는 나 외에는 다른 신들을 네게 두지 말라"(출 20:3)는 율법의 중요한 계명을 받자마자 어긴 것이다.

참 기이한 일이다. 이스라엘은 다른 603가지 규례와 함께 십계명을 받았다. 단순히 제안이 아니라, 하나님의 땅에서 그분의 권위 아래 살아가는 법칙으로 받은 것이다. 십계명은 이스라엘을 이스라엘 되게 해주는 것이다. 이 율법은 공동체 생활에 필요한, 독특한 도덕법과 의식(儀式)법이다. 어떤 절기를 지켜야 하는지, 누구와 결혼해야 하는지, 무엇을 먹을 수 있는지, 생리가 있거나 색점이 생기면 어떻게 해야 하는지를 말해 주었다.

"토라"(율법을 가리키는 히브리어)를 향한 일종의 사랑 노래인 시편 119편을 읽으면, 율법을 공부하고 준수하는 것이 이스라엘 백성에게 어떤 의미인지 그려볼 수 있다. 시편 19편 7절과 10절도 매우 인상적이다.

여호와의 율법은 완전하여 영혼을 소성시키며 여호와의 증거는 확실하여 우둔한 자를 지혜롭게 하며 …… 금 곧 많은 순금보다 더 사모할 것이며 꿀과 송이꿀보다 더 달도다.

순금과 송이꿀. 설탕이 없는 문화라는 것을 생각하면, 이 얼마나 강력한 이미지인가!

이 율법을 지금도 지켜야 할까?

그러나 지금의 그리스도인들에게는 어떤가? 구약 율법이 그리스도인의 삶에서 어떤 역할을 하고 있을까? 예를 들어, 그리스도인들은 안식일을 무슨 요일에 어떻게 지켜야 하는가? "너희가 법 아래에 있지 아니하고 은혜 아래에 있음이라"(롬 6:14)는 바울의 말은 무슨 의미였을까? 은혜와 율법이 서로 대치된다는 뜻일까? 만약 그렇다면, 어떤 점에서 대치되는 것일까?

율법의 달콤한 맛이 갑자기 쓰디쓰게 변해 버린 것일까?

신약은 율법에 관해서 매우 강력하게 주장한다. 특히 바울은 로마서 7장 6절에서 그리스도인들이 "영의 새로운 것으로 섬길 것이요 율법 조문의 묵은 것으로 아니할지니라"고 말한다. 율법은 우리를 종으로 만든다. 율법은 우리를 구원할 수 없다. 구약의 규례와 의식들은 그리스도 안에서 올 것들의 그림자였다. 율법 그 자체로는 어느 누구도 구원할 수 없다.

바울은 갈라디아서 마지막에 있는 특이한 구절에서 성령의 열매를 소개할 때 이렇게 말한다. "이 같은 것을 금지할 법이 없느니라"(갈 5:23). 마치 **그리스도의 복음에 관한 한, 율법 중심의 사고는 완전히 요점을 놓치고 있는 것**이라고 말하는 것 같다.

그리스도인의 삶에서 하나님의 율법이 어떤 역할을 하는지는 기독교 역사에서 엄청난 논쟁을 불러왔다. 구약을 읽는 그리스도인들은 대부분 구약 율법이 하나님의 말씀이며 율법이 암시하는 의미를 진지하게 받아들여야 한다고 생각할 것이다. 그런데 지금은 어느 기독교 교사도 그리스도인들에게 구약 율법의 613가지 법도를 준수해야 한다고 가르치지 않는다.

우선 예를 들자면, 신약에는 유대인 사도들이 음식 관련 율법들을 서슴지 않고 무시했다는 증거가 분명하게 드러난다. 마찬가지로 갈라디아서에서 바울은 비유대인 신자들에게 그리스도인이 되기 위해 유대인의 율법을 따르거나 할례를 받지 않아도 된다고 설득한다.

그래서 사람들은 보통 아직도 그리스도인에게 적용되는 율법이 무엇인지, 그리고 그것이 어떻게 작동되는지를 선별한다. 어떤 사람들은 오늘날까지 중요하게 여기는 것은 십계명뿐이라고 생각하기도 한다. "의식법"이라 불리는 것은 이제 관련이 없지만, "도덕법"과 "민법"은 지금도 의미가 있다고 여기기도 한다.

그러나 그런 식의 사고에 따라 구약 율법을 명확한 범주로 나누기란 쉽지 않다. 안식일 규정은 도덕법인가, 의식법인가? 어떤 면에서는 율법 전체가 유일하신 참 하나님을 올바르게 예배하는 것과 관련되지 않는가?

한편 성경을 읽는 어떤 독자들은 예수님이 하나님 사랑과 이웃 사랑으로 요약해 주신 방식(막 12:29-31)을 제외하고는 구약 율법이 그리스도인의 삶과 아무런 상관이 없다고 말한다. 그들은 그리스도인들에게 **지켜야 할** 것들이 여전히 존재한다고 암시하면 신약에서 은혜를 강조하는 것이 손상되지는 않을까 두려워한다. 하나님을 감동시켜서 그분의 호의를 얻으려고 열심히 애쓰다 보면 율법주의로 미끄러지기가 쉽다. 은혜는 다른 무엇보다 그 율법주의에서 우리를 해방시켰는데 말이다.

율법을 둘러싼 성경의 틀

이 문제를 둘러싼 성경의 중요한 틀이 있다. 우리는 그 틀을 통해 이 문제를 명쾌하게 볼 수 있다.

첫째, "율법", 즉 토라라는 단어는 구약의 계명(command)뿐 아니라 창세기부터 신명기까지 해당하는 모세오경 전체도 가리킨다는 것을 기억해야 한다. 이 말은 "계명"의 의미가 문맥 안에서 존재한다는 뜻이다. 계명은 이스라엘이 애굽에서 해방되어 구원받고 약속의 땅에 들어가는 중에 주어졌다. 달리 말하면, 율법은 이야기 없이는 읽을 수 없다는 것이다. 물론 그 이야기란 하나님의 은혜의 이야기다.

율법을 주는 행위보다 하나님의 은혜가 앞선다. 성경에서 그 순서는 한 번도 바뀐 적이 없다. (사람들이 말하는 것처럼) 구약에서는 사람들이 행위를 통해 하나님께 받아들여지지만 신약 시대인 지금은 은혜로 말미암아 받아들여진다는 주장은 결코 사실이 아니다. 구원은 언제나 은혜로 말미암는다! 그리고 은혜가 경건을 낳는 것이다. 그것은 그때나 지금이나 같다.

둘째, 율법 자체는 언제 어디서나 삶에 적용할 수 있는, 시간을 초월한 도덕법이 결코 아니었다. 이스라엘에 하나님의 거룩하심과, 그분과 맺는 올바른 관계의 필요성을 가르칠 수 있는 복합적이고 상징적인 시스템이었다.

율법 아래 산다는 것은 이스라엘의 하나님이 어떤 분인지 아는 것이었다. 단순히 그분의 성품을 아는 것만이 아니라, 하나님이 명하신 대로 올바르게 그분을 예배하도록 부름 받는 것이었다. 그래서 십계명이 하나님 오직 한 분만 예배하라는 명령으로 시작하는 것이다.

셋째, 율법은 그 자체가 성취되고 완성되어야 함을 가리킨다. 사람들은 죄를 용서받기 위해서 계속 제사를 드려야 했다. 율법 자체는 인간을 구원하기에 충분하지 않았기 때문이다. 이것은 예수님이 율법에 대해 가르쳐주신 내용과 일맥상통한다.

예수님은 율법주의(구원받기 위해 율법 준수에 의존하는 것)에 반대하셨다. 율법 때문에 윤리적, 도덕적 자부심을 가질 만한 근거가 있다고 생각하는 사람들을 예수님은 호되게 꾸짖으셨다. 그러나 율법 자체는 소중히 여기셨다. 예수님은 율법을 몸소 살아내셨다. 결국 율법은 예수님의 이야기다. 예수님은 율법의 내적 목적(하나님 사랑과 이웃 사랑)을 이해하셨다. 예수님은 사람들을 하나님과 관계 맺게 하셔서 그 목적을 성취하셨다.

그렇다면 구약 율법은 그리스도인의 삶에 필요한가? 신약 기자들은 몇몇 곳에서 율법을 꽤 긍정적으로 사용한다. 그리스도인의 삶을 위한 안내자로 보는 것이다. 예를 들어, 야고보서 2장은 거룩함을 논하는 기준으로 십계명을 사용한다. 바울은 로마서 13장에서 사랑이 율법의 요약이자 중심요소라는 예수님의 가르침을 반복한다. 그렇게 해서 십계명 가운데 어느 하나도 그리스도인의 삶에 반(反)하지 않는다고 말하는 것 같다.

어쩌면 이것이 열쇠일 것이다. 신약은 우리가 이야기의 다른 지점에 있다고 말한다. 하나님의 백성에게 요구되는 거룩함이 지금은 달라 보이는 이유는, 우리가 예수님의 죽음으로 율법이 완성된 새 시대에 살고 있기 때문이다. 그렇다고 그것이 율법을 무관한 것으로 만들지는 않는다. 그리스도인이라면 오직 하나님만 바르게 예배해야 하는가? 당연하다. 과거에 옳지 않았던 행위, 즉 사람을 죽이거나 간음하는 행위가 지금은 옳은가? 당연히 아니다.

율법을 요약한 것이 사랑이지만, 그렇다고 사랑이 계명을 대신하지는 않는다. 예수님이 삶에서 온전히 살아내신 그 계명들은 우리를 위해 사랑이라는 색을 그리고 있다.

6장

은혜만 있으면 마음대로 죄를 지어도 괜찮은 거 아닌가요?

어차피 행위로는 구원받지 못한다면,
마음대로 죄를 지어도 괜찮지 않을까?
은혜는 모든 죄를 용서받을 수 있는 면죄부 아닌가?

하나님을 감동시키는 행위로는 구원받지 못한다는 사실이 마음대로 죄를 지어도 된다는 뜻일까? "하나님을 사랑하라. 그리고 하고 싶은 일을 하라"는 아우구스티누스의 명언이 과연 가능할까?

이 질문에 대한 설득력 있는 대답은 디트리히 본회퍼의 글에서 찾을 수 있다. 그의 글은 다음 세대 독자들에게 강한 호소력을 지녔다. 본회퍼의 초기작 가운데 『나를 따르라』(The Cost of Discipleship, 직역하면 "제자도의 대가"다_옮긴이)라는 산상수훈 주해서가 있다. 이 책을 읽는 경험은 감동적이다. 저자에게 곧 무슨 일이 닥쳐올지 알기 때문이다. 그래서 "자기 십자가를 지는 것"과 "자아에 대해 죽는 것"에 대한 그의 묵상이 훨씬 깊이 사무친다.

우리는 앞서 다음과 같이 도전하는 그의 음성을 들었다. "그리스도께서 부르실 때는 와서 죽으라고 부르시는 것이다." 이 도전을 본회퍼 자신보다 더 잘 살아낸 사람은 없을 것이다.

본회퍼는 기독교의 제자도에 관한 이 책을 "값비싼 은혜"라는 제목의 장으로 시작한다. 하나님의 은혜는 값이 없는 공짜인데 "값비싼 은혜"라니, 대체 무슨 뜻일까? 값비싼 은혜라는 개념은 그가 "값싼 은혜"라고 부르는 것과 대조해 보면 어느 정도 이해할 수 있다.

그 시절 독일 개신교회에서 본회퍼는 은혜가 값싼 것으로 변종된 양상을 수없이 많이 봤다. 값비싼 은혜는 많지 않았다. 개신교회는 하나님이 예수 그리스도 안에서 우리에게 값없는 은혜를 주셨다는 가르침 위에 세워졌다. 그러나 본회퍼 눈에는 많은 사람이 어떤 식으로도 변화되지 않은 채 하나님의 은혜를 받을 수 있다고 생각하는 것처럼 보였다. 마치 아무 일도 일어나지 않은 것처럼 인생이 흘러갈 수 있다고 말이다. 본회퍼는 이렇게 말한다.

> 값싼 은혜는 회개를 요구하지 않은 채 용서를 설교하는 것이다. …… 제자도 없는 은혜, 십자가 없는 은혜, 살아 계시고 성육신하신 예수 그리스도가 없는 은혜가 바로 값싼 은혜다.

은혜가 공짜라고 해서 값싼 것은 아니다. 그러나 공짜이기 때문에 어떤 이들은 은혜를 값싸게 취급한다.

지름길은 없다

본회퍼가 경험한 값싼 은혜는 불행히도 우리 시대에 여전히 건재하다. 사람들이 보기에 값싼 은혜의 "기독교"는 엄청나게 근사하다. 듣기 편한 경음악을 틀어주는 라디오만큼이나 부드럽다. 사회의 인정과 소속감에 신경 쓰고, 어떠한 위험도 무릅쓰지 않는다. 값싼 은혜는 기독교가 진짜 무엇인지를 잘못 이해했다. 또한 "값싼 은혜의 기독교"는 신학과 거리를 유지한다. 마치 신학은 현실 세계에 대해 말할 만한 영향력도 없고, 그저 우리가 즐기는 정신 훈련일 뿐이라는 듯이 말이다.

"값비싼 은혜"는 어떤가? 이 말은 용어상 모순처럼 들린다. 본회퍼는 예수님이 전하신 "밭에 감추인 보화 비유"를 우리에게 상기시킨다. 그것을 발견한 사람은 기뻐하며 돌아가서 자기 소유를 다 팔아 그 밭을 산다(마 13:44). 이 은혜는 단순히 티켓을 사지도 않았는데 받게 된 행운의 상품이 아니다. 그것은 십자가까지 예수님을 따르라는 부르심과 관련되어 있다.

 이 가르침을 받아들이기가 매우 어렵다고 느끼는 것은 그리 놀랄 일이 아니다. 첫 제자들 역시 어렵다고 느꼈기 때문이다. 곧 오실 하나님 나라라는 것이 어떻게 예수님이 당하신 것과 같은 죽음에 이르기까지 그분을 따라야 한다는 뜻이란 말인가? 이 길과 상관없는 지름길은 없을까?

 지름길은 없다. 은혜는 아무 비용도 들지 않지만, 전부를 요구한다. 본회퍼는 말한다.

> 값비싼 은혜는 예수님을 따르라는 은혜로운 부르심으로 우리 앞에 마주선다. 상한 심령과 통회하는 마음에 용서의 말로 다가온다. 은혜는 값비싸다. 은혜는 사람으로 하여금 그리스도의 멍에에 굴복하여 그분을 따르게 하기 때문이다.

 게다가 그 부르심은 단지 선택된 소수(오직 기도와 묵상에만 전념할 수 있는 영적 엘리트)만 받는 것이 아니다. 그러나 수세기 동안 교회는 이 난제에 대해 그렇게 반응해 왔다. "제자도"라는 무거운 짐은 영적 전문가에게만 지워졌다. 기도가 매일의 일상이고 자기부인이 훈련인 수도사와 수녀에게 말이다. 그러나 전직 수도사인 마르틴 루터는 그리스도께서 단지 소수뿐 아니라 모든 남자와 여자를 제자로 부르셨다고 교회에 도전하였다. 우리의 제자도는 아웃소싱할 수도 없다.

즉, 제자도란 수도사만이 아니라 농부와 은행원, 군주와 가난한 자, 부모와 자녀가 세상에서 살아내야 하는 것을 뜻했다. 복음의 부르심이 이르지 않은 삶의 영역, 그리스도의 주권에서 벗어난 영토는 없다. 루터는 성경 연구를 통해 다음을 깨달았다.

> 그리스도를 따르는 것은 선택된 소수의 위업이나 공로가 아니다. 차별 없이 모든 그리스도인에게 주어지는 거룩한 명령이다.

그러나 본회퍼가 살던 시대에 이르기까지, 이른바 그리스도인이라 불리는 많은 사람은 복음 안에서 온 세상에 보이신 은혜로 하나님이 인류에게 자동적으로 복을 베푸셨다는 거짓말에 빠져 있었다. 위대한 칭의 교리(이 교리에 따라 죄인은 그리스도의 죽음으로 말미암아 자기 죄에 대해 "유죄가 아니다"라는 선고를 받을 수 있다)는 하나님이 세상에 자비를 보이셨기 때문에 죄에 대한 하나님의 심판이 제거되었다는 의미로 받아들여졌다.

1930년대 독일 그리스도인들은 그들의 문화에 뭔가가 심각하게 틀어졌음을 반성하게 만드는 어떤 분별력을 지녔을까? 전혀 아니다. 그들은 하나님의 은혜 때문에 자기가 원하는 대로 행동할 수 있다고 생각했다.

값비싼 은혜

그러나 그렇게 이용당하는 은혜는 결국 은혜 아닌 것이 되고 만다. 그것은 루터의 가르침을 잘못 적용한 것이다. 게다가 (사실은 이것이 더 나쁜데) 예수님과 성경 나머지 부분의 가르침을 오용한 것이기도 하다. 은혜, 값비싼 은혜는 우리의 죄악 됨에 대해 우리를 위로한다. 그러나 그 죄에 대해서 "괜찮다"고 말하지는 않는다. 값비싼 은혜는 세상에서 우리가 지녔던 믿음을 산산조각 내버리고 우리로 옛 생활방식을 떠나게 한다.

본회퍼에게 그리스도의 부르심이란 히틀러의 반대편에 서는 것을 의미했다. 그것은 학자로서 얻는 성공, 자기 한 몸의 안전, 나치의 손아귀에서 벗어날 기회, 미래의 결혼생활, 자유, 최종적으로는 생명까지 이 모든 것을 잃는다는 뜻이었다. 그는 이것을 별나게 생각하지 않았다. 오히려 하나님의 은혜가 그리스도 안에서 자기를 부르신 목적으로 여겼다.

계속 죄를 짓는 그리스도인에게 무슨 말을 해줘야 할까요?

우선, "그만두십시오!"라고 말하십시오.

그러나 모든 그리스도인이 계속해서 죄를 짓는다는 사실은 누구나 알고 있습니다. 그것이 새 하늘과 새 땅이 오기 전의 삶입니다. 요한일서 1장 8-9절에서 분명히 밝히듯이, 우리는 죄를 짓는다는 사실을 부인해서는 안 됩니다. 그 사실을 부인하는 것은 자신을 속이는 일입니다. 그럼에도 우리가 삶에서 죄를 제거하고 부르심에 합당한 방식으로 살려는 열망이 있다는 것은 하나님께 오는 은혜를 든든히 붙들었다는 표지가 됩니다.

같은 죄를 계속 짓는 그리스도인은 거듭 은혜의 복음을 들어야 합니다. 그들은 용서와 자비를 받았다고 깨달아야 변화할 수 있습니다. 우리는 하나님의 성품을 들여다봐야 합니다. 우리가 짓는 죄의 원인은 대부분 한편으로 하나님이 얼마나 거룩하신지, 또 한편으로 하나님의 사랑과 자비가 얼마나 광대하신지 깨닫지 못한 데에 있습니다.

우리가 이것을 알게 되는 곳이 바로 예수 그리스도의 십자가입니다. 그리스도의 십자가에 다가가면, 우리는 하나님이 우리가 생각한 것보다 훨씬 우리 죄를 미워하신다는 것을 깨닫습니다. 그러나 사랑 안에서 우리 죄를 극복하시려는 하나님의 결단은 그보다 더 강합니다. 이 사실을 알수록, 우리 죄가 얼마나 작고 어리석은지를 알게 되는 동기를 부여받을 것입니다.

성경은 우리가 어떻게 자신과 서로를 훈계하고 격려하며 회복해야 하는지에 대해 많은 조언을 들려줍니다. 그리고 경고와 격려 차원에서 우리에게 "실패한 제자"의 연구사례를 보여줍니다. 시편 51편 1절, 사무엘하 11-12장, 갈라디아서 6장 1-2절, 야고보서 4장 7-10절을 읽어보십시오.

7장

은혜는 "나"를 어떻게 변화시키나요?

하나님의 은혜 말고는 이 삶을 사는 데 필요한 것이 전혀 없다.
은혜는 우리의 구원일 뿐 아니라 경건하지 않은 것과
이 세상 정욕을 다 버리게 해준다.

모든 사람에게 구원을 주시는 하나님의 은혜가 나타나 우리를 양육하시되 경건하지 않은 것과 이 세상 정욕을 다 버리고 신중함과 의로움과 경건함으로 이 세상에 살고 복스러운 소망과 우리의 크신 하나님 구주 예수 그리스도의 영광이 나타나심을 기다리게 하셨으니 그가 우리를 대신하여 자신을 주심은 모든 불법에서 우리를 속량하시고 우리를 깨끗하게 하사 선한 일을 열심히 하는 자기 백성이 되게 하려 하심이라 (딛 2:11-14).

인간의 의지는 매우 신비롭다. 의지를 바꾸려고 엄청난 돈과 노력을 들인다는 점에서 이 사실을 알 수 있다. 우리는 의지를 속이고, 설득하고, 강요하고, 통제하려 애쓴다.

그러나 인간의 의지와 관련하여 가장 이상한 것은 우리로 하여금 사아와 대화하게 만드는 방식이다.

몸에 깊이 밴 습관을 바꾸려고 애써본 적이 있는가? 심지어 그 습관이 낳는 끔찍한 결과를 잘 알기 때문에 바꾸고 싶으면서도, 흡연자가 계속 흡연하고 과식자가 계속 과식하는 것은 무엇 때문인가? 화내지 않겠다고 다짐했지만 결국 화를 내버렸을 때, 다시는 방어적으로 반쪽짜리 진실을 말하지 않겠다고 자신과 약속했지만 결국 또 해버렸을 때, 당신의 자아와 대화를 주고받은 적이 있는가?

우리의 세상에는 이 주제에 관한 조언이 가득하다. 자기계발 관련 산업은 당신에게 성공을 위한 "비밀들"을 파는 데 열을 올린다. 그래서 해결책은 무엇인가? 전형적인 대답은 다음과 같다.

- 더 열심히 노력하라.
- 규칙을 따르라.
- 상담을 받아보라.
- 삶에 대한 통제권을 가지라.
- 내면에 잠든 거인을 깨우라.
- 자신을 믿으라.
- 자기 행동에 책임을 지라.
- 마음을 가라앉히라.

이 해결책들이 지닌 치명적인 결함을 감지했는가? 그것들은 우리에게 우리의 약점을 강화시키라고 요구한다. 내 마음이 엄청 깨져 있는데, 자기부인이라는 어마어마한 행위 없이 어떻게 나 자신을 믿을 수 있단 말인가? 나를 지배하고 있는 것에 대한 통제권을 어떻게 내가 가질 수 있단 말인가?

변화를 위한 새로운 전략

디도에게 보내는 편지에서 바울은 이 곤란한 문제에 관해 전혀 다른 것을 말한다. 변화를 위한 바울의 전략은 무엇인가? 충격적이게도, **하나님의 은혜를 알라는** 것 말고는 전략이랄 것이 전혀 없다. 이 전략은 전혀 신비롭지가 않다! 찾아볼 필요도 없다. 하나님이 그것을 알려주셨기 때문이다. 그것은 공공연하게 드러나 있다.

이것이 어떻게 작동되는지 생각해 보자. 모든 사람이 죄가 야기한 어둠과 수치심 때문에 하나님에게서 분리되었는데도, 하나님의 은혜(예수 그리스도 안에서 우리에게 베푸신 자비)로 모든 사람에게 구원을 제시하신다. 그것이 요점이다. 유일하신 참 하나님에 대한 인간의 증오조차 하나님의 은혜로 말미암은 위대한 구원의 제안을 가로막는 장애물은 될 수 없다.

사실, 그 증오가 이 구원의 제안을 은혜로 만든다. 하나님이 그 아들의 피로 우리를 구원하시는 것은 우리 모습 **때문이** 아니라 우리 모습에도 **불구하고다**.

바로 이 은혜가 그리스도인이 살고자 하는 삶의 원천이다. 하나님의 은혜 말고는 이 삶을 사는 데 필요한 것이 전혀 없다. 그래서 은혜의 복음은 늘 그리스도인의 삶 구석구석에 필요하다. 그래서 바울이 은혜는 **우리의 구원일 뿐 아니라 경건하지 않은 것과 이 세상 정욕을 다 버리게 해준다**고 말한 것이다(딛 2:12).

우리는 은혜로 시작할 뿐 아니라 은혜로 살아간다.

죄에 대해 가르쳐주다

먼저 하나님의 은혜는 우리가 죄 속에서 뒹구는 걸 하나님이 싫어하신다는 사실을 가르쳐준다. 하나님의 은혜는 죄를 간과하지 않는다. 정녕 죄가 매우 나쁜 것이라고, 그래서 우리에게 구원이 필요하다고 알려준다!

은혜는 "네가 사실은 괜찮다는 걸 내심 알고 있잖아"라고 말하지 않는다. 은혜는 우리가 방종과 욕망의 노예가 되었다는 것이 사실은 걱정할 문제가 아니라고 가르치지 않는다.

자비로우신 하나님은 우리 자신에 관해 진리를 말씀하신다(그것이 참된 자비다). 우리는 하나님의 거룩하심이라는 탐조등에 노출되어 있다(얼마나 감사한지!). 우리에게 필요한 것은 정직이기 때문이다.

하나님이 우리의 깊은 치욕을 드러내지 않으셨다면, 우리에게 어떠한 자비도 보이신 것이 아니다(그것은 마치 암 환자에게 감기에 걸렸으니 곧 나을 거라고 말하는 의사와 같다). 우리에게 나쁜 소식을 알려주는 것이 은혜다. 이제는 그것이 우리 자신을 속이지 못하게 만들기 때문이다.

죄를 극복하게 한다

또한 하나님의 은혜는 우리를 참소하는 죄의 능력이 박살났다고 가르쳐준다. 이제는 죄에 대해 무능할 수밖에 없던 삶의 잔해들을 직면하지 않아도 된다. 변화를 위해 우리가 할 수 있는 것이 하나도 없다는 실패감, 과거의 실패들이 짓누르는 무게감을 짊어지지 않아도 된다. 이제는 하나님이 정죄하실 거라는 예상을 직면하지 않아도 된다.

하나님의 은혜 안에서 우리는 한때 우리를 종노릇하게 한 것들, 자신을 해방시킬 힘이 없던 것들에서 놀랍도록 자유로

워지는 것을 발견한다. 우리가 겪은 실패의 결과를 하나님이 몸소 겪으셨다는 점에서 우리를 향한 하나님의 자비를 경험한다.

그리고 이 점이 은혜를 우리의 선생이 되게 한다. 은혜는 우리가 충분히 노력하기만 하면 죄를 극복할 수 있다고 말하지 않는다. 오히려 하나님이 이미 죄에 대해 승리하셨다고 말한다. 죄의 능력은 그리스도의 십자가에서 이미 깨뜨려졌다. 그 사실을 아는 것은 우리에게 "노"라고 말하는 법, 나 자신을 억제하는 법을 가르쳐준다.

이것이 심리적으로뿐 아니라 실제로도 작동된다는 것은 기적이다. AA(Alcoholics Anonymous, 미국의 알코올의존증 치료 협회_옮긴이)와 같은 회복 프로그램은 은혜의 복음을 모방한다는 면에서 천재적이다. 그런 모임에서는 우리가 혼자 힘으로 변화될 수 없음을 깨닫지 않고는 변화될 수 없다고 가르친다. 그러면서 더 높은 능력에 온전히 의지하겠다고 다짐할 것을 요구한다.

내게는 이러한 복음의 그림자조차 실제로 효과를 발휘하여 사람들을 변화시킨다는 것이 몹시 매력적이다. 자비와 용서에 관한 진짜 메시지를 듣고 이해한다면, 그리스도 안에서 우리를 향하신 하나님의 참 사랑의 깊이를 붙잡는다면, 우리는 얼마나 더 정욕의 족쇄에서 벗어나 하나님이 본래 계획하신 대로의 삶을 향해 정진할 수 있겠는가?

하늘 아버지께서 부으신 복을 선포하는 은혜의 복음은, 우리를 얼마나 온전히 인간답게 만드는가! 하나님의 자비(은혜)로 본래 모습을 되찾고, 자아라고 부르는 적군과 벌이는 끔찍한 전투에서 해방되었다는 사실이 얼마나 놀라운가!

이제 어떻게 할 것인가?

삶에서 은혜를 현실로 만드는 실제적인 방법을 몇 가지 제안하려고 한다. 우리는 은혜롭지 못한 관습에 꽉 잡혀 있기 때문에 조치가 필요하다.

1. 모든 일에 대해 의도적으로 하나님께 감사하는 연습을 하라. 사실, 감사를 위해 시간을 따로 떼어놓는 것은 당신에게 여러 가지를 주신 하나님, 특히 예수님을 주신 하나님을 의존하고 있다는 사실을 상기시킨다.

2. 당신이 반드시 해야 할 의무들이 아니라, 꼭 하지 않아도 되는 선행을 베푸는 연습을 하라. 하나님의 은혜는 의무를 넘어선

자비를 추가로 베푸는 좋은 모델이다. 꼭 필요한 것은 아니지만 넘치도록 풍성하다. 당신은 지나치게 관대하고 친절할 수 있는 기회를 발견할 수 있는가?

3. 당신이 죄의 패턴에 꽉 잡혀서 자신에게 "어쩔 수 없어"라고 말한다면, 정신 차리라. 당신은 잘못된 행위에 초점을 맞추고 있다. 사실, 당신이 옳다. 당신만의 힘으로는 어쩔 수가 없다. 디도서는 그리스도 안에서 당신에게 베푸신 하나님의 은혜에 마음이 고정되어 있다면 당신은 언제나 "노"라고 말할 수 있다고 말한다. 그리고 그러려면 다음 방법이 필요하다.

4. 계속해서 예배와 성경공부에 참석해야 한다. 당신이 중심까지 썩어문드러졌다고 느낄지라도, 성경을 펼쳐서 읽고 해석하는 동안, 그리고 하나님이 행하신 위대한 일들에 대해 다른 그리스도인들과 이야기하는 동안 예수 그리스도 안에서 당신에게 베푸신 하나님의 은혜를 한 번 이상 떠올릴 것이다. 죄와 씨름하는 많은 그리스도인이 죄책감과 수치심 때문에 더는 교회에 나가지 않는다. 그런데 그것은 그들이 할 수 있는 **최악**의 일이다. 가장 필요한 순간, 하나님이 예비해 두신 도움의 손길은 거절한 채 안타깝게도 당신 혼자 힘으로 죄와 싸우려고 애쓰게 되기 때문이다.

마지막 요점은 매우 중요하다. 은혜는 하나님이 우리 각자의 인생을 통해서 일하시는 것만을 가리키지 않는다. 은혜는 신자들의 공동체 생활을 구성하는 것이기도 하다. 다음 장에서는 은혜가 우리를 어떻게 변화시키는지 탐구해 볼 것이다.

8장

은혜는 "우리"를 어떻게 변화시키나요?

하나님의 백성을 구성하는 것은 피와 인정이 아니라
믿음으로 받는 하나님의 은혜다.

내가 사는 시드니에서 멀지 않은 곳에 "센테니얼파크"라는 공원이 있다. 그곳에는 특별히 화려할 것도 없는 돔형의 사암 구조물이 있다. 사실, 공중화장실을 가장 많이 닮았다.

이 건축물은 1901년 1월 1일 호주 연방의 헌법이 제정되고 호주 대륙의 많은 식민지들이 하나의 국가로 선포된 지점을 표시한 것이다. 호주에서 가장 의미심장한 유적지가 사실상 시민들에게는 알려지지 않았다는 이 사실은 호주가 어떤 나라인지를 잘 보여준다!

헌법은 같은 그룹의 사람들에게 정체성을 부여하는 문서다. 그들이 합의한 가치와 인생의 비전을 함께 드러내기 때문이다. 또한 길잡이가 필요한 위기 상황에서 그들이 다시 돌아갈 수 있는 문서이기도 하다. 호주 역사에서 특별히 이 헌법은 "누가 호주의 이상(理想)에 포함되어야 하는가"라는 질문으로 시험대에 올라오기도 했다. 예를 들어, 호주에서는 원주민이 시민으로 받아들여지기까지 65년이 걸렸다. "백인"을 선호한 이민 정책이 최종 폐지된 것은 1973년이 되어서였다.

누가 포함되고 누가 제외되는가?

신약 전체를 관통하는 하나의 주제가 있다면, 바로 하나님의 백성에 누가 **포함**되고 누가 **제외**되는가다. 구약은 하나님의 선택된 백성, 곧 이스라엘 백성의 이야기다. 노예였던 나라가 애굽에서 벗어나도록 부름 받고 하나님의 특별한 호의를 입은 대상이 되었다. 그들은 한 민족으로 이루어진 그룹이었고(약간의 예외는 있었다) 혈연으로 연결되어 있었다. 그들은 아브라함의 자손이었다. 이 나라는 하나님의 축복과 보호를 약속받았고, 살 곳으로 가나안 땅을 받았다. 이것을 그들의 "헌법"이라고 말하고 싶다면, 그렇게 말해도 좋다. 아브라함의 자손이어야 이 백성의 구성원이 되었고, 그 정체성은 구약의 율법을 지키는 것에서 드러났다.

그러나 구약에는 이것이 전부가 아님을 암시하는 것들이 있다. 기생 라합이나, 모압 여인이지만 다윗 왕의 조상이 된 룻처럼 이스라엘 백성이 되어도 된다는 허락을 받은 비이스라엘인들이 있었다. 게다가 선지자들은 하나님의 백성에 속하게 된 것을 당연하게 여기는 생각이 바로 하나님의 백성이라는 자격을 위험에 빠뜨린다는 사실을 지속적으로 상기시켰다.

이번에는 신약으로 넘어가보자. 기독교 메시지의 독특한 점은 비이스라엘인을 포함한다는 것인데, 이것은 모두를 충격에 빠뜨린다. 어떻게 이것이 가능할까?

비이스라엘인을 포함할 수 있는 것은 신약에서 완벽하게 계시하듯이 하나님의 백성을 "구성"("헌법"을 뜻하는 constitution의 또 다른 의미_ 옮긴이)하는 것은 피와 인종이 아니라 믿음으로 받는 하나님의 은혜이기 때문이다.

나는 하나님의 백성으로 적합한가?

이 사실 때문에 바울은 지금의 터키 지역에 살았던 이방인 신자 그룹인 에베소인들에게 경이로운 내용의 편지를 쓰게 되었다. 유대인의 메시아에 관한 좋은 소식이 어떻게 이방인에게도 좋은 소식이 될 수 있었을까? 그들이 하나님의 백성이라는 자격을 위해 어떤 주장을 할 수 있었을까?

> 너희는 그 은혜에 의하여 믿음으로 말미암아 구원을 받았으니 이것은 너희에게서 난 것이 아니요 하나님의 선물이라

행위에서 난 것이 아니니 이는 누구든지 자랑하지 못하게 함이라 우리는 그가 만드신 바라 그리스도 예수 안에서 선한 일을 위하여 지으심을 받은 자니 이 일은 하나님이 전에 예비하사 우리로 그 가운데서 행하게 하려 하심이니라 그러므로 생각하라 너희는 그때에 육체로는 이방인이요 손으로 육체에 행한 할례를 받은 무리라 칭하는 자들로부터 할례를 받지 않은 무리라 칭함을 받는 자들이라 그때에 너희는 그리스도 밖에 있었고 이스라엘 나라 밖의 사람이라 약속의 언약들에 대하여는 외인이요 세상에서 소망이 없고 하나님도 없는 자이더니 이제는 전에 멀리 있던 너희가 그리스도 예수 안에서 그리스도의 피로 가까워졌느니라 (엡 2:8-13).

구성원에 포함되지 못했다는 느낌이 어떨지 잠시 생각해 보라. 우리는 모두 그 느낌이 어떤지 어느 정도는 알고 있다. 학교 운동장에 홀로 있는 순간이라든지, 결혼식에 초대받지 못했다든지, 성별이나 피부색 때문에 의견이 무시당한 경우라든지 말이다.

부적합하다는 느낌, 바울은 이 감정을 극복하고자 했다. 그렇다면 그는 이방인 독자들을 어떻게 안심시키는가? 하나님이 그들을 창세전에 택하셨고 "예수 그리스도로 말미암아 자기의 아들들이 되게 하셨으니 이는 그가 사랑하시는 자 안에서 우리에게 거저 주시는 바 그의 은혜의 영광을 찬송하게 하려는 것"(엡 1:5-6)임을 상기시켰다.

이것이 은혜다. 그들은 하나님의 백성이다. 그분의 백성은 하나님이 예수 그리스도 안에서 거저 주시는 은혜에 의해 불러 모아지기 때문이다. 모두가 죄를 지었다. 이스라엘인이나 이방인이나 마찬가지다. 따라서 모두에게 하나님의 은혜가 필요하다. 그리고 예수님의 죽음 안에서 이 둘은 하나의 새 백성이 된다. 그분은 우리의 평화이시다.

이 진리가 함축하고 있는 깊은 의미를 무시하지 말라. 그 의미를 몇 가지 살펴보자.

1. 하나님의 백성이 인종이나 혈통, 문화가 아니라 은혜에 의해 부름 받은 것이라면, 교회 안에서 인종이나 혈통에 따라 분파를 나눌 근거가 전혀 없다. 분파는 우리의 헌법(구성)을 부인하는 것이다! 이 때문에 우리는 기독교 모임 안에서 우리의 국적을 어떻게 드러내야 하는지를 매우 신중하게 생각하게 된다. 특히 지역 사회가 다문화 사회인데 한 민족만 우리 교회에 온

다면, 우리는 걱정해야 한다. 외모가 특출한 사람들, 교육받은 사람들, 유럽 출신의 사람들만 교회에 있는가? 모두 나이가 비슷한가? 어쩌면 당신의 공동체에는 은혜 말고 다른 자격 조건이 있는지도 모른다.

2. 하나님의 백성이 되는 일이 정말 은혜에 의한 것이고 공로나 혈통, 특권에 의한 것이 아니라면, 우리는 우리가 받은 그 은혜로 다른 사람들을 대해야 한다. 이 메시지는 예수님의 비유에 자주 등장한다. 우리는 하나님의 은혜로 구원받았으며, 은혜로 구원받은 자로서 하나님이 우리에게 보여주신 그 인내와 용서로 다른 사람들을 대해야 한다는 것이다. 자격과 관계 면에서 하나님의 교회라고 할 수 있는 우리의 DNA 안에 은혜가 있다. 우리는 예수님의 죽음 안에 있는 하나님의 은혜 말고는 다른 기초가 없다. 그러므로 피부색이나 혈통 때문에 다른 사람들을 배제할 수 없다. 우리는 혼란을 일으키는 사람, 사회에 적응하지 못하고 범죄 기록이 있는 사람, 빚더미에 앉아 있는 사람, 가족관계가 복잡하고 무질서한 사람, 그런 사람들을 무시하거나 교회 안에서 맺을 친구관계에서 제외하지도 않는다.

3. 우리가 누구이며 무슨 일을 했는지 절대, 결코 자랑해선 안 된

다. 오직 그리스도의 은혜만 자랑한다. 바울이 다루는 위대한 주제 중 하나가 겸손이다. 바울은 "그런즉 자랑할 데가 어디냐?"(롬 3:27)라고 묻는다. 그는 복음이 어떻게 이스라엘인과 이방인 모두를 포함하는지 한참 설명하고 있었다. 대답은 "(자랑할 것이) 있을 수가 없느니라"다. 하나님의 백성이 되는 일과 관련해서는 공로가 전혀 없다. 오히려 정반대다. 당신은 자랑할 수가 없다. 당신에 대해 말하는 모든 것은 당신이 죄인이며 공짜 선물을 받았다는 것뿐이기 때문이다. 그러므로 당신은 다른 사람들에게 오직 겸손하게 행동할 수밖에 없다.

이것이 하나님의 백성의 헌법(구성)이다. 이것은 은혜다. 하나님의 백성이 함께 모이는 것은 다른 어떤 것도 아닌 하나님의 은혜에 의해서다.

선물

하나님은 자신의 백성에게 선물을 주셔서 함께 사는 것에 대비시키신다. 바울은 이렇게 쓴다.

> 우리 각 사람에게 그리스도의 선물의 분량대로 은혜를 주셨나니(엡 4:7).

그러고는 든든히 연합할 수 있도록 그리스도께서 교회에 다양한 역할을 주셨다고 설명한다. 이것은 바울이 사도로 부름 받았다는 것을 말하기 위해 에베소서 3장 7-8절에 사용한 언어와 같다. 그 구절을 보면 복음을 위해 그에게 은혜가 주어졌다.

성령의 은사에 관한 가장 유명한 구절인 고린도전서 12-14장의 배후에도 같은 생각이 있다. 바울은 성령의 "은사" 또는 "은혜"에 대해 말한다. 은사는 교회 구성원에게 주어진다. 중요한 것은 은사의 목적이다. 은사가 진정으로 성령의 은사가 될 수 있는 것은 그것이 교회를 세우려는 성령의 목적을 달성하기 때문이다. 이런 점에서 은사는 하나님이 먼저 교회를 모으신 수단인 은혜의 연장선상에 있다.

그렇다면 당신은 당신의 은사로 무엇을 하고 있는가? 어떤 그리스도인들이 영적인 은사에 대해 말하는 방식을 보면, 마치 자기계발 세미나에 와 있는 것 같다고 생각할 것이다! 우리가 물어야 할 것은 "내가 가진 은사로 어떻게 나를 표현할 수 있는가?"가 아니다. "하나님의 백성을 어떻게 섬길 수 있는가?"다. 자신을 높이는 것이 아니라 하나님의 백성을 세우는 데 은사를 사용하라. 성령의 은사는 자기를 표현하기 위한 것이 아니다.

사실 그것은 가끔은 은사를 사용하지 말라는 뜻이기도 하다. 한 번 드리는 예배에 은사를 받은 설교자가 서너 명 있을 수 있다. 그러나 대부분 오직 한 명의 설교자만 설교단에 오른다. 보통은 회중 가운데 있는 모든 드러머가 동시에 드럼을 치게 하지 않는다. 이렇듯 집회를 잘 돕기 위해 자제해야 할 때도 있다. 마찬가지로, 하나님의 백성을 섬기는 더 좋은 종이 되기 위하여 성령의 은사를 개발하고 연습하라. 행정이나 회계 자격증을 따라. 음악 수업을 들으라. 음향 시스템을 제대로 다루는 법을 배우라. 다른 사람들을 세우는 것이 목표라면, 그것이 당신의 동기가 되어야 한다.

간구하기 전에는 용서받을 수 없나요?

예전에 내게 이렇게 묻는 그리스도인 친구가 있었습니다. "부모님께 거짓말을 하고 집을 나섰는데 차에 치이면 어떻게 하지? 그 죄를 용서받을 수 있을까? 죄를 고백하지도, 회개하지도 못했는걸." 이 중요한 질문은 다양한 사례로 많은 그리스도인을 어려움에 빠뜨립니다.

성경은 우리가 죄인임을 부인하지 말라고 권합니다. 오히려 지금도 계속되는 그리스도인의 삶의 일부로 죄를 인정하라고 권합니다(요일 1:8-9). 많은 교회에서 모임의 한 순서로 죄 고백의 기도를 드립니다. 불행히도 이것은 마치 우리가 여전히 하나님과 "청산"해야 할 관계라거나 구원을 잃어버릴 위험에 처해 있다는 것처럼 들립니다.

그러나 성경은 포괄적인 단 한 번의 거래로 구원이 이미 주어졌음을 분명히 합니다. 신약은 우리의 모든 죄(과거, 현재, 미래의 모든 죄)가 이미 용서되었다고 말합니다(엡 4:32, 골 3:13, 요일 2:12). 성령이 우리에게 오셔서 복음을 받아들이고 구원을 확신하게 하십니다. 우리는 매주 죄 때문에 새로운 제사를 드리지 않아도 됩니다. 이미 모든 시점의 죄를 위해 한 번의 제사를 드렸기 때문입니다.

죄를 짓지 않기 위해, 그리고 우리의 양심을 깨끗이 하기 위해 죄를 고백하고 예수님 안에서 받은 용서를 떠올려보는 것은 좋은 일입니다. 그러나 그것이 8년 전에 저지른 죄를 기억해내지 못했다는 이유로 당신의 구원이 위기에 처한다는 뜻은 아닙니다. 구체적으로 용서를 구하지 않았다는 이유로 8년 전에 지은 죄가 지금까지 체납되어 있는 것은 아닙니다.

내 친구에게 해줄 대답은 이것입니다. 첫째, "죄를 짓지 말라!" 둘째, "누구든지 그리스도 안에 있으면 새로운 피조물(고후 5:17)이라는 사실을 명심하라!" 미처 고백하지 못한 죄가 있는 상태로 죽는다 할지라도, 당신은 철저하고 완벽하게 용서받고 용납될 것입니다.

9장

인간은 얼마나 악한 건가요?

우리는 죄를 피할 수 없다.
여전히 우리에게는 자유의지가 있지만,
이제는 잘못 선택하는 데에만 사용할 뿐이다.

인간은 얼마나 나쁜 걸까? "상당히 나쁘다"가 확실한 답이라는 사실을 받아들이라.

현대적인 예를 들어보자면, SNS에서 다른 사람들을 나쁘게 대하는 것에 대해 대중매체에서 다루는 이야기는 끝이 없는 것 같다. 익명성이라는 베일 뒤에 숨어 사람들에 대한 독설을 쏟아내는 것은 쉽게 용인된다. 심지어 우울증과 씨름하고 있다고 널리 알려진 사람에 대해서도 독설을 쏟아낸다.

나아지리라는 기대

부모나 교사라면 누구나 아이들이 나아질 것이라고 기대하는 것이 그들이 바르게 행동하도록 돕는 주요 전략임을 알고 있다. 어떻게 해서든 아이들은 자라서 자신에게 기대되는 기준을 충족시킬 것이다.

궁극적으로 인간도 그와 같지 않을까? "아니야, 틀렸어. 그 사람들은 그냥 악해. 항상 악할 거야"라고 말한다면, 우리는 기대한 것만큼만 얻게 되지 않을까? 사람들에게 "착하게 행동하는 것은 당신이 해야 할 일일 뿐만 아니라 당신이 할 수 있는 일이기도 하다"라고 말하는 것이 더 타당하지 않을까?

매우 현대적인 이 논쟁은 사실 시간만큼이나 오래되었다. 대략 1,600년 전 그리스도인들 사이에서 이 주제로 격렬한 논쟁이 있었다.

펠라기우스는 브리튼 제도 출신의 수도사이자 신학자로, 도덕성(그리고 인간의 도덕적 책임감)을 매우 중요하게 받아들였다. 그는 로마제국이라는 위대한 문명이 쇠퇴해가던 시기를 살았다. 5세기 초엽에 "로마 약탈"(410년 8월 24일 로마가 서고트족의 왕인 알라리크의 군대에 점령되어 사흘간 약탈당한 사건. 당시 로마는 영적인 중심지로 "영원한 성"으로 불리고 있었다._옮긴이)을 겪어야 했던 그는 생전에 소름끼치도록 잔인한 악행들을 목격했을 것이다.

그는 인간이 본성적으로 선하다고 가르치지 않았다. 팔다리가 잘려나가는 모습을 보고 겁탈당하는 희생자들의 비명소리를 듣던 그들에게 그런 교리는 전혀 신빙성이 없었을 것이다. 오히려 펠라기우스는 남자나 여자나 옳고 그름을 선택할 자유가 있다고 주장했다. 우리는 각자 자기 행동에 완벽히 책임을 질 수 있고, 져야 하며, 또 기꺼이 질 것이라고 말이다. 그는 하나님이 자기 백성에게 "내가 거룩하니 너희도 …… 거룩하게 하고"(레 11:44)라고 하신 말씀과, 예수님이 "하늘에 계신 너희 아버지의 온전하심과 같이 너희도 온전하라"(마 5:48)고 하신 말씀이 얼마나 강력한 울림을 주는지 귀를 기울여야 한다고 주장했다.

펠라기우스에게 이것은 말 그대로를 뜻했다. 그것이 도덕적으로 불가능했다면 예수님이 그렇게 말씀하지 않으셨을 거라고 여긴 것이다. 비록 어려운 일일지라도 우리가 달성할 수 없었다면 예수님은 그 임무를 우리에게 맡기지 않으셨을 것이다. 따라서 도덕적 비관주의는 인간을 창조하신 창조주께 대한 모욕이다. 그분은 꼭두각시나 짐승이 아니라, 인간을 만드셨다는 것이다. 펠라기우스는 자신의 주장을 강력하게 뒷받침하기 위해 이러한 견해를 내세웠다.

첫 단계는 우리 몫인가?

펠라기우스의 설명을 들어보자. 그는 어떤 일을 할 때 무슨 일이 일어날지를 생각하라고 말한다. 여기에는 세 가지 면이 있다. 첫째, **능력**(ability)이다. 곧 그 행동을 할 수 있는 힘이다. 둘째, 그것을 하려는 **의도**(intention)다. 셋째, 본격적으로 힘과 의도를 한데 모아서 실현시키는 **행동**(action)이다. 펠라기우스가 생각한 대로, 행동할 수 있는 능력은 하나님에게서 온다. 하지만 우리의 의도와 실제 행동은 우리에게 속한다. 다시 말해, 옳은 일을 하기로 선택하면 우리는 우리를 도우시는 하나님의 능력에 의지할 수 있다. 그러나 그것을 선택하는 사람은 우리다. 즉, 첫 단계는 우리 몫이다.

펠라기우스주의를 매력적으로 만든 것, 그리고 여전히 매력적이게 만드는 것을 알기란 그리 어렵지 않다. 첫째, 아주 설득력 있는 이단들이 그렇듯이 펠라기우스주의는 성경 원문에 호소했다. 확실히 율법과 예수님의 명령들은 진지하게 받아들이고 실행으로 옮길 수 있는 것이었다.

둘째, 그들의 명분에 해당하는 진리를 가장 놀랍게 증언해 준 것은 다름 아니라 기독교 초기 몇 년 동안 그리스도인들이 보여준 놀랍도록 경건한 삶이다. 펠라기우스주의는 사회적 혼돈에 직면했을 때 그 힘의 근원으로 돌아가라는 요청이었다.

셋째, 펠라기우스주의는 우리를 개별적인 존재이자 어른으로 대하는 것처럼 보이는 신학이다. 유치한 변명은 집어치우고 자기 행동에 각자 책임을 지라고 요구한다. 훈련과 고

된 노력을 요구한다. 이것은 우리에게 미덕을 요구한다.

넷째, 펠라기우스주의는 인류에 대해 긍정적이다. 우리에게 찍힌 창조주의 도장을 존중하는 것처럼 보인다. 인간은 그토록 위엄 있는 하나님을 섬기고 그분과 친밀해질 수 있는 고귀한 운명을 지녔다는 것이다.

그러나 우리는 할 수 없다

펠라기우스주의 운동은 무모하게도 성경적 정통성의 강력한 옹호자, 곧 은혜의 신학자인 히포의 아우구스티누스에게 달려들었다.

펠라기우스주의의 가르침에 대해 아우구스티누스가 한 첫 대답은, 창조주께서 창조하신 인간이 영광스러운 피조물이고, 참된 자유(죄를 짓지 않을 자유)를 가지며, 선한 의지와 옳은 일을 하려는 성향을 부여받았다는 데에는 적어도 동의한다는 것이다.

그러나 아우구스티누스가 동의하지 않은 부분도 있었다. **아담은 타락했다.** 그 잘못은 전적으로 아담에게 있었다. 아담의 타락에 대해 하나님이 비난받으실 이유는 선혀 없었다. 죄를 짓지 않을 수 있는 의지는 잘못 선택할 가능성도 지니고 있었다. 이 최초의 죄는 단순히 아담에게만 영향을 끼친 것이 아니다. 그 죄 안에는, 그 뒤를 따르는 수많은 죄 안에 있는 타락보다 훨씬 엄청난 타락이 있었기 때문이다. 아우구스티누스는 로마서 5장 12절을 생각하고 있었다.

> 그러므로 한 사람으로 말미암아 죄가 세상에 들어오고 죄로 말미암아 사망이 들어왔나니 이와 같이 모든 사람이 죄를 지었으므로 사망이 모든 사람에게 이르렀느니라.

아담의 죄로 인간의 본성이 끔찍하게 더럽혀지고 뒤틀려졌다고 아우구스티누스는 주장한다. 이제 인간은 모든 면에서 죄의 노예가 되었고 죽을 수밖에 없는 운명에 처하게 되었다. 우리는 무지하고 탐욕스러운 데다가 죽어간다. 무엇보다도 아담이 누렸던 유익인 "죄를 짓지 않을 자유의지"를 잃어버렸다. 우리는 이제 죄를 피할 수 없다. 마치 시체에서 풍기는 나쁜 냄새처럼 심지어 죄는 우리의 "선한" 행위에도 달라붙는다. 여전히 우리에게는 자유의지가 있지만, 이제는 잘못 선택하는 데에만 사용할 뿐이다.

펠라기우스주의에 대항하는 강력한 한 방이 있다. 인류 역사 내내 어느 문화에서나 발견되는 인간 행동에 관한 사실이다. 20세기의 끔찍한 참사들이 휩쓸고 간 흔적을 따라 살고 있는 우리는 역사를 살아간 그 누구보다 이 사실을 잘 알아야 한다. 비평가 조지 스타이너는 이렇게 말했다.

> 인간은 저녁에 괴테나 릴케를 읽고 바흐와 슈베르트를 연주하고는 아침이 되어 아우슈비츠 수용소에 일하러 갈 수 있는 존재라는 것을 우리는 알고 있다.

펠라기우스의 가르침, 그리고 그와 같이 생각하는 현대인들은 틀렸다. 비록 무엇이 옳은지 알 때에도 인간은 그것을 **실행할 수 없다**는 단순한 사실 때문이다.

죄의 파장이 아우구스티누스의 가르침에서 큰 부분을 차지하고 있다면, 그것은 은혜의 능력이 그만큼 압도적이기 때문이다. 인간 본성에 관한 아우구스티누스의 비관주의는 펠라기우스가 사기꾼임이 틀림없다는 결론으로 이끌었다. 사람들이 자신을 수렁에서 건져낼 수 있다고 생각하게끔 교만하게 만들었다는 것이다. 아우구스티누스는 하나님의 도우심 없이는 우리가 이생의 유혹을 극복할 수 없다고 말한다.

하나님의 도우심(하나님의 은혜)은 단순히 외적인 도움, 곧 경건한 삶에 관한 예수님의 가르침 같은 것의 문제가 아니다. 펠라기우스가 하나님의 값없는 선물인 십자가에 대해 축소된 관점을, 게다가 성령에 대해서는 결함 있는 관점을 지녔다는 것을 아우구스티누스는 인지할 수 있었다. 펠라기우스는 성령이 하나님의 값없는 선물로 우리에게 자신을 주시고 새로운 탄생을 주시는 분이라고 전혀 생각하지 않았다. 도덕적 뒷받침, 또는 그냥 위대한 본보기라고 생각했다.

예전에 우리가 우리의 죄 안에서 죽었다면, 지금 우리는 성령에 의해 예수 그리스도 안에서 하나님께 대하여 얼마나 살아 있는가? 하나님의 일을 하기에 참으로 얼마나 자유로워졌는가? 확실히 말하지만, 그것은 하나님의 자비와 은혜로만 가능하다!

비록 당시에는 아우구스티누스의 논박으로 펠라기우스주의가 신용을 잃었지만, 현재는 매우 건재하다. 게다가 세속과 종교의 형태를 모두 취하고 있다. 우리는 어린이를 대상으로 한 만화의 도덕적인 이야기에서 펠라기우스주의를 발견한다. 선과 악 사이에서 선택을 내리는 대중 영화 속 영웅의 여정에서 펠라기우스주의를 추적해낸다. 정치인에게서 듣고, 소설에서 읽는다. 매우 많은 강단에서 설교되는 것을 듣는다. 부분적으로는 도덕적 가르침과 지침이 어느 때보다 필요하기 때문이다. 그러나 펠라기우스가 건재한 가장 큰 이유는 자신을 변화시킬 수 있는 힘이 우리 안에 있다고 믿는 교만에 호소하기 때문이다.

한편, 우리는 우리의 사고와 행동에 대해 결정론적인 생각을 지니고 있다. 이러한 태도는 버려야 한다. 예를 들어, 우리의 선택과 도덕성이 유전자에 의해 결정된다고 말한다. 또는 사회나 부모가 책임져야 한다고도 말한다. 그것을 도덕적인 책임을 회피하는 구실로 삼는다.

펠라기우스주의는 믿고 싶어질 만큼, 그리고 앞서 말한 도덕적 게으름의 면전에 현대판 버전을 건네주고 싶어질 만큼 매혹적이다. 그러나 우리에게 무엇보다 필요한 것은 윤리적으로 더 나아지는 훈련이 아니다. 우리에게는 용서와 새 생명의 강력한 복음이 필요하다. 달리 말하자면 순전한 은혜, 아름다운 은혜, 값없는 은혜, 바로 그런 은혜의 복음이다.

사명선언문

너희가 흠이 없고 순전하여……세상에서 그들 가운데 빛들로
나타내며 생명의 말씀을 밝혀 _ 빌 2:15~16

1. 생명을 담겠습니다
만드는 책에 주님 주신 생명을 담겠습니다.
그 책으로 복음을 선포하겠습니다.

2. 말씀을 밝히겠습니다
생명의 근본은 말씀입니다.
말씀을 밝혀 성도와 교회의 성장을 돕겠습니다.

3. 빛이 되겠습니다
시대와 영혼의 어두움을 밝혀 주님 앞으로 이끄는
빛이 되는 책을 만들겠습니다.

4. 순전히 행하겠습니다
책을 만들고 전하는 일과 경영하는 일에 부끄러움이 없는
정직함으로 행하겠습니다.

5. 끝까지 전파하겠습니다
모든 사람에게, 땅 끝까지, 주님 오시는 그날까지
복음을 전하는 사명을 다하겠습니다.

서점 안내

광화문점 서울시 종로구 새문안로 69 구세군회관 1층
02)737-2288(T) 02)737-4623(F)

강남점 서울시 서초구 신반포로 177 반포쇼핑타운 3동 2층
02)595-1211(T) 02)595-3549(F)

구로점 서울시 구로구 시흥대로 577 3층
02)858-8744(T) 02)838-0653(F)

노원점 서울시 노원구 동일로 1366 삼봉빌딩 지하 1층
02)938-7979(T) 02)3391-6169(F)

분당점 경기도 성남시 분당구 황새울로 315 대현빌딩 3층
031)707-5566(T) 031)707-4999(F)

신촌점 서울시 마포구 서강로 144 동인빌딩 8층
02)702-1411(T) 02)702-1131(F)

일산점 경기도 고양시 일산서구 중앙로 1391 레이크타운 지하 1층
031)916-8787(T) 031)916-8788(F)

의정부점 경기도 의정부시 청사로47번길 12 성산타워 3층
031)845-0600(T) 031) 852-6930(F)

인터넷서점 www.lifebook.co.kr